평양의 시간은
서울의 시간과
함께 흐른다

한국인 유일의 단독 방북 취재

평양의 시간은 서울의 시간과 함께 흐른다

진천규 글·사진

타커스

차례

프롤로그 • 6

1부 소슬한 풍경 ——————— 13
      _가을 들녘에서 평양역까지

   카메라 시선 | 평양의 봄 / 평양은 '열공' 중 • 50

2부 사람 사는 모습은 어디나 같다 ——————— 55
      _평양역에서 대동강으로

   카메라 시선 | 평양의 아침 • 94

3부 내 얼굴 찍지 마세요! ——————— 103
      _아이들은 어디에서나 똑같다

   카메라 시선 | 평양의 학생들 • 120

| 4부 | **평양은 통화 중** ──────────── **131**
_택시와 휴대폰은 어떻게 진화하는가

카메라 시선 | 상업 간판의 등장 • 159

| 5부 | **입맛과 먹방의 세계는 남북이 따로 없다** ── **167**
_냉면에서 피자까지

카메라 시선 | 평양의 상징 • 216

| 6부 | **여기 더 좋은 물건 있어요** ──────── **223**
_백화점과 스타일

카메라 시선 | 언제나 은총을 내리시는 하느님 아버지…… • 243

| 7부 | **철거민에게 입주 1순위 자격을** ─────── **247**
_려명거리 73층 아파트의 삶

카메라 시선 | 더 나은 여가를 찾아서 • 268

| 8부 | **역사의 순간, 변화의 중심에 선 젊은이들** ── **275**
_미래를 꿈꾸고 계획할 수 있는 사회

카메라 시선 | 인민을 위하여 복무함! • 284

에필로그 • 290
부록 | 남북 간 주요 합의문 • 296

| 프롤로그 |

　북녘의 모든 것들을 간단하게 한 문장으로 표현할 수는 없다. 그러기에는 지난 70여 년 세월이 간단치가 않다. 북녘에 대해 진정성을 갖고 조금이라도 알려고 하는 순간, 어떤 기준도 없이 그저 '종북', '좌빨'이라는 주홍글씨가 몸뚱이에 박혀버리는 말도 안 되는 시절이 있었다. 불과 1년 남짓 전인 2017년 5월 9일 이전까지 그랬다. 물론 지금이라고 해서 결코 자유로운 것은 아니다.

　2010년 5월 24일, 이명박 정부가 발표한 대북제재 조치로 인해 아무리 인도적인 목적이라 해도 정부와 사전에 협의하지 않으면 대북 지원을 할 수 없게 되었다. 그리고 남북 교역이 전면 중단되었다. 우리 국민의 방북 불허도 5·24 조치의 주요한 내용 중 하나이다. 물론 언론인의 방북 취재도 단 한 건도 허락되지 않았다. 그나마 남북 간에 조그마한 숨통으로 여겨지던 개성공단도 2016년 2월 박근혜 정부의 일방적인 결정으로 폐쇄되고, 이후 남북관계는 완전한 암흑기에 들어갔다. 지난 8년의 세월 동안 남과 북은 지구상에서 접근하기가 가장 어려운 곳이었다.

2017년 5월 9일 문재인 정부가 들어서고 나서 통상적인 인적 교류는 허가해주었지만, 북쪽에서 그동안 단 한 명의 남쪽 인사의 방북도 허락하지 않다가 2018년 6·12 북미정상회담 이후 최근 들어 소수의 공식행사 취재만 허락하고 있다.

이러한 상황에서 나는 미국에서 활동하는 재미 언론인들과 함께 방북 취재를 추진했다. 북한은 지금 어떤 상태인지, 어떤 일이 벌어지고 있는지 직접 확인하고 싶었다. 당시만 해도 남북관계뿐만 아니라 북한을 둘러싼 국제정세가 화산보다 뜨겁게 끓는 상태였다. 폭발을 목전에 두고 연기를 내뿜는 화산처럼 변해가는 한반도에서 기자인 내가 할 수 있는 일은 북쪽의 현실을 있는 그대로 보고, 보여주는 일이라고 생각했다.

오랜 준비 끝에 어렵사리 북쪽 당국의 비자를 발급받고 북으로 떠나려던 2017년 9월, 또 한 번 예상치 못한 일이 벌어졌다. 트럼프 미국 대통령이 행정명령을 발동해 6개월 동안 미국 시민권자들의 북한 방문을 금지한다고 발표한 것이다. 이러한 행정명령은 지금까지도 풀리지 않고 있다. 결국, 함께 방북 취재를 준비했던 재미 언론인들은 모두 북한 방문을 포기하고 백두산 일대 항일유적지 탐방을 떠나고 나 홀로 방북 취재 길에 올랐다.

이렇게 해서 2017년 10월 6일부터 9일간(3차 방북 취재)을 시작으로, 11월 10일부터 13일간(4차) 다녀왔고, 2018년에는 4월 11일부터 11일간(5차),

6월 23일부터 15일간(6차) 평양은 물론 원산, 마식령스키장, 묘향산, 남포, 서해갑문 등지를 취재했다. 2010년 이명박 정부가 발표한 대북 제재 조치 이후 한국인 언론인으로서는 최초 단독 방북 취재에 성공했다.

이 책에는 이번 취재기간 동안 내가 보고, 느끼고, 경험한 평양의 모습을 있는 그대로 담아냈다. 나는 그들을 구경하러 가지 않았다. 구경꾼이 되기도 싫고, 관찰자가 되기는 더욱 싫었다. 무슨, 어떠한 자격으로 그들을 '동물원'의 울타리에 갇힌 동물 구경하듯이 하겠는가? 한 핏줄을 나눈 동포이기 이전에 나와 똑같은 '사람'으로서 이야기를 나누고, 그들의 삶 속으로 깊숙이 들어가고 싶었다. 그들도 우리처럼 가족과 오순도순 시간을 보내고, 평일에는 직장에서 일하고 휴일에는 공원에서 놀이를 즐기며, 연애도 하고 결혼도 하는 그저 우리와 똑같은 '사람'이라는 것을 확인하고 싶었다.

그동안 세상에 공개된 북녘에 관한 책과 사진은 대개 외국 기자가 취재한 것이다. 그들은 말이 통하지 않기에 어쩔 수 없이 '관찰자'의 입장에서 접근할 수밖에 없다는 한계가 있다. 나는 그런 한계를 깨고 싶었다. 사람들 사이에 섞여서 그들의 겉모습뿐만 아니라 감정과 생각까지 담아내고 싶다는 생각으로 취재에 임했다. 서로 말이 통하는 만큼 자유롭게 대화를 나누며 사진을 찍고 동영상도 촬영했다. 눈인사와 농담을 주고받고, 때로는 어깨를 부딪치기도 하며 그들 속에서 함께했고, 그 모습들을 이 책에 담아냈다.

1992년 제6차 남북고위급회담 취재와 2000년 평양 6·15 정상회담 취재에 이어 17년 만에 다시 찾은 평양의 첫인상은 '놀라움'이었다. 고난의 행군 시절 이후 중국까지 가세해 전 세계가 강력한 대북제재를 취하고 있는 상황이기에 평양 시민이라 할지라도 조금은 궁색하고, 어느 정도는 움츠린 모습일 거라고 생각했다. 이는 비단 나만의 생각은 아닐 것이다.

그런데 실제로 본 평양 거리와 사람들은 그런 짐작과는 크게 달랐다. 물론 우리의 경제상황과는 어느 정도 차이가 있을 수밖에 없지만, 이 점을 감안하더라도 북녘은 내가 생각한 것보다 훨씬 더 많이 변했고, 평양 거리의 사람들은 자유롭고 활기차 보였다. 특히 놀란 것은 손전화(휴대폰)와 택시, 마트의 일상화였다. '평양은 통화 중'이라는 문장이 떠오를 정도로 많은 사람들이 휴대폰을 들고 전화 통화를 하거나, 사진을 찍거나, 화면을 들여다보고 있었다. 상점에는 사람들이 북적였고, "요새 재미 좋나?"는 말도 들려왔다. 화려하거나 세련되진 않지만 우리가 사는 모습과 별다를 게 없었다.

지난 10여 년 동안 닫혀 있던 북녘에 대한 내 인식이 평양에 발을 디딘 지 불과 몇 시간 만에 완전히 깨지고 말았다. 그리고 지금 이 순간도 북녘은 우리가 상상하는 이상의 엄청난 속도로 변화하고 있다. 그동안 우리만 모르고 있었던 것이다. 남쪽의 사람들이 알건 모르건 그들은 그들 나름의 방식으로 살아가고 있었던 것이다.

북측이 2018년 5월 5일 날짜로 표준시를 변경했다. 2015년 일본 제국주의자들에게 맞선다는 명분으로 일본에 맞춰진 표준시를 30분 당겨 우리보다 30분 빨리 가게 했던 시간을 다시 늦춰 서울 시간과 맞춘 것이다. 이는 2018년 4월 판문점 남북정상회담 당시 김정은 국무위원장이 "북과 남의 시간부터 먼저 통일하자"고 제안한 데 따른 것이다.

이로써 평양의 시간은 서울의 시간과 함께 흐르게 되었다. 단순하게 물리적인 시간만 함께 흐르는 것이 아니다. 우리가 알지 못했던 지난 10여 년간 남과 북은 여러 모로 많이 닮아갔고, 지금 이 시각에도 소리 없이 통일은 한 발짝 한 발짝 우리의 곁으로 더 가까이 다가오고 있는 중이다.

* 이 책에서 소개하는 대부분의 내용은 남쪽 기자로서 최초로 취재한 것이다. 특히, 단동-평양 국제여객열차를 타고 이동하며 찍은 평야지대와 추수 장면, 평양 73층 아파트(려명거리 살림집) 내부, 주체사상탑 전망대에서 찍은 평양 야경, 옥류관·청류관 및 온반집 주방 사진, 실제 평양 지도 등은 최초로 공개하는 것이다.

1부

소슬한 풍경

가을 들녘에서 평양역까지

세 번째 길

●
○

 2017년 10월 6일, 북으로 가는 세 번째 길이다. 정확하게 17년 만의 재방문이다. 푸른 가을하늘엔 구름 몇 조각만 떠 있을 뿐 바람도 없이 고요하다. 하늘빛을 닮은 파란색 스탬프가 '조선민주주의인민공화국 별지비자'에 선명하게 찍혔다. 비자 심사에 크게 긴장하진 않았지만 내 인적사항을 입력하는 PC 자판 소리가 들리자 비로소 안도감이 밀려온다. 중국 요녕성(랴오닝성) 심양(선양)에 있는 북한 영사관 직원은 국적이 '남조선'으로 표시된 내 별지비자를 보고도 까다롭지 않게 밝은 모습으로 스탬프를 찍어주었다. 가운데에 평양의 개선문이 그려진 1회용 단수비자이다. 이미 평양 당국 외무성의 승인이 났지만, 소소한 질문 같은 게 있으리라 예상했는데 생각보다 훨씬 수월하게 끝났다. 이렇게 북녘을 취재할 수 있는 모든 공식 절차가 마무리되었다.
 이제 열차를 이용하여 단동(단둥)으로 이동해야 한다. 단동의 옛 지명은 안동으로, 안동역은 일제시대에 우국지사들이 중국에서 독립운동을 하기 위해 거쳐 가던 중요한 지점이다. 영화 〈밀정〉에 나온 안동역도 이

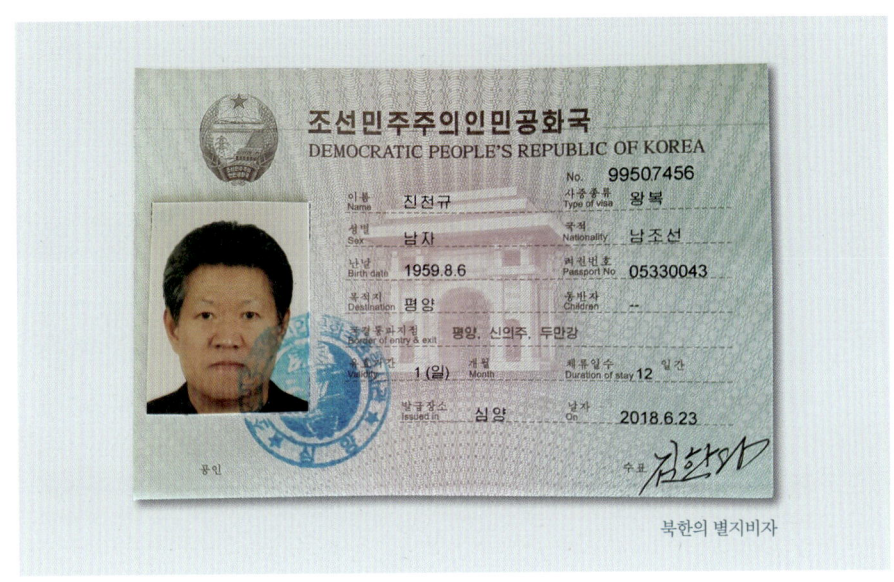

북한의 별지비자

곳이다. 하지만 내려서 주위를 돌아볼 틈도 없이 단동에서 다시 신의주로 들어가는 평의선 '단동-평양 국제여객열차'를 타야 한다. 당장 며칠 사이에라도 정국이 어찌 변할지 모르는 상황이니 마음이 급하다.

비자를 발급받았지만 아직 안심할 단계는 아니다. 함께 방북을 추진하던 미국 시민권자들은 트럼프 미국 대통령이 '미국 시민권자의 북한 방북을 금지한다'는 행정명령을 발동하면서 모두 방북이 금지됐기에 나도 실제로 북녘 땅에 발을 디디기 전에는 마음을 졸일 수밖에 없다.

비행기를 탈 수도 있었지만 북한 소속 열차를 타고 가면서 승객들의

모습, 차창 밖의 풍경과 사람들을 눈으로 확인하고 싶어서 열차를 선택했다. '단동-평양 국제여객열차'는 시간표상으로 단동에서 10시에 출발하여 10시 5분에 신의주에 도착하고, 17시 20분에 평양역에 도착 예정인 여정이다(+30분). 나중에 알고 보니 단동-평양 국제여객열차를 타고 북녘에 들어간 남쪽 언론인은 내가 처음이라고 한다.

내가 처음 북녘에 간 것은 1992년 2월 제6차 남북고위급회담(정원식 국무총리와 연형묵 정무원총리)을 취재하기 위해 방북했을 때이다. 그때는 판문점을 통과하여 개성까지 버스로 이동하고, 그곳에서 다시 평양행 열차를 타고 갔다.

경의선 평양 – 신의주 간 철도 노선

    그리고 2000년, 김대중 대통령과 김정일 국방위원장의 평양 6·15 정상회담 당시 청와대 출입 취재 기자단 일원으로 두 번째 방북 취재를 했다. 제1차 남북정상회담 결과물인 6·15 공동선언을 현장에서 취재한 그때의 감격은 지금도 생생하게 몸 안에 남아 있다.

    당시 공동취재단에 합류한 일부터가 무척 드라마틱했다. 남과 북의 당국자가 세부 일정을 논의하는 과정에서 기자단의 인원수가 결정되었는

017

데, 사진기자는 모두 6명으로 합의되었다. 그리고 통신사를 포함해 종합일간지의 청와대 출입 사진기자 12명 중에서 6명 안에 내가 뽑혔다. 그 사실을 알았을 때 이루 말할 수 없을 정도로 가슴이 벅찼다. 지금껏 기자 생활 중에 가장 기억에 남는 기쁜 일이다.

보통 국가 간 정상회담은 사전에 '분' 단위까지 세부적인 일정이 미리 나온다. 행사 내용은 물론이고 참석자의 범위, 준비물, 움직이는 동선까지 미리 결정한 뒤 그대로 실행한다. 그러나 남북정상회담 때에는 그렇지 못했다. 북측에서는 '최고존엄'의 일정 자체가 극비 사항이다. 그들 입장에서 사전에 일정이 알려진다는 것은 생각할 수도 없는 일이다. 2000년 6월 13일 (1) 오전 평양순안공항 도착, (2) 오후 참관, (3) 저녁 만찬, 이 세 가지 행사가 전부라고 알려졌다. 나중에 알고 보니 청와대 담당자들도 그 이상 알지 못하고 출발했다고 한다. 평양순안공항에 도착하면 누가 영접하는지, 어떠한 환영행사를 하는지 등 세부 내용 없이 일정표에는 '공항 도착'이라는 제목만 달랑 있었다.

6월 14일 만찬 행사는 순번에 의해서 나 혼자 '풀(공동)취재'를 맡게 되었다. 일반적인 정상회담의 만찬 취재에서는 양 정상의 환영사, 답사, 건배의 과정이 끝나면 기자들은 퇴장한다. 그러나 남과 북의 행사에서는 기자들도 수행원 자격으로 테이블을 배정받고 만찬 행사에 함께한다.

만찬장인 목란관에서 저녁식사가 끝나갈 무렵 헤드테이블 쪽에서 큰 박수 소리가 나면서 환호성이 들려왔다. 청와대 공보수석실 담당 비서관

김대중 대통령과 김정일 국방위원장이 손을 맞잡고
번쩍 들어 올리는 이 장면을 2000년 6월 14일 저녁 8시 무렵,
평양 목란관 연회장에서 찍었다.

에게 "무슨 일입니까?"라고 물으니, 두 분 정상께서 '공동성명'에 합의했다고 한다. 지금 뒤에서 실무자들이(남쪽의 임동원 국정원장과 박지원 장관, 북쪽의 김용순 비서 등) 합의문 문안 작성에 들어갔다는 이야기가 전해졌다.

나는 본능적으로 지금 이 순간 역사적인 사건이 일어났고, 반드시 사진으로 남겨야 한다는 생각이 들었다.

"이는 그저 박수만 치고 말 일이 아닙니다. 여기 목란관이 밝고 그림이 좋으니, 이 자리에서 두 분께서 손을 맞잡고 올리시면 좋겠습니다."

내가 담당 비서관에게 제의하자 그는 "말씀을 드려보겠다"고 한 뒤 단계를 밟아서 김대중 대통령께 전달했다. 김대중 대통령께서 남쪽의 사진기자를 평계로 김정일 국방위원장께 의사를 묻자, 김 위원장이 "그럼, 우리 배우 한번 하지요" 하며 흔쾌히 동의했다.

이렇게 두 정상이 밝게 웃는 모습으로 두 손을 맞잡고 들어 올리는 사진이 나오게 되었다. 김 위원장은 이 사진을 찍고 나서 "기자 선생, 우리에게 출연료 줘야 하는 거 아니에요?" 하고 말해 장내를 웃음바다로 만들었다.

당시만 해도 두 정상이 손을 잡고 사진 한 장 찍는 것이 이처럼 쉽지 않았다. 최근 4·27 남북정상회담과 6·12 북미정상회담을 보면 지난 시기와는 많이 달라진 것이 분명하다.

열차엔 'a safe journey'라는
영문 인사말이

●
○

앞서 두 번의 방북 때는 공동 취재단의 일원으로 참여했기에 이동하는 동안 북녘의 풍경과 사람들의 모습을 자유롭게 찍지 못해서 아쉬웠다. 그래서 이번에는 승객들과 이야기도 나누고 열차 안과 밖의 모습을 카메라에 담기 위해 비행기 대신 열차를 선택했다. 열차가 시속 50km 내외로 달려서 사진 찍기가 좋았다.

드디어 열차가 움직이며 압록강을 가로지르는 압록강철교로 들어섰다. 북한의 핵무기 개발을 둘러싸고 북미 간에 '말 폭탄'이 빗발치던 2017년 10월 6일 오전 10시, 중국 단동역을 출발한 평양행 열차 안은 바깥세상의 소란과는 다른 일상의 분주함과 생기가 넘쳤다.

열차 실내는 객실과 복도로 이루어져 있다. 칸막이가 된 6인실 객실들이 줄지어 있는데, 일반실 객실(일반 침대실)은 출입문 없이 개방되어 있다. 지나다니는 사람들이 객실 내부를 모두 볼 수 있는 구조이다. 객실은 높이가 높아서 3층으로 침대가 설치되어 있다. 일반실과 달리 특실은 객실 출입문이 있는 구조이다. 복도는 두 사람이 비켜 지나야 할 정도로 좁지만 접이식 의자가 설치되어 있어 승객들이 거기에 앉아 휴대폰을 보기도 하고, 창밖 풍경을 감상하기도 하고, 이야기를 나누기도 한다.

열차가 유유히 흐르는 압록강을 건널 때 예상치 못한 장면이 나타났다. 압록강에 건설되었다가 강 중간쯤에서 끊어진 옛 철교 위에 발 디딜 틈 없이 수많은 인파가 몰려 있었다. 그들은 압록강을 구경하러 나온 중국 쪽의 관광객이다. 이렇게 많은 사람이 모여 구경하고 있으리라고 전혀 생각하지 못해서 낯설고 신기했다. 북한 지역의 압록강 둔치는 한강 둔치보다는 좁고 작았지만 깔끔하게 정비된 모습이었다.

삐걱대는 소리를 내며 느릿느릿 움직이던 열차가 곧 신의주역(정식 명칭은 신의주청년역)에 멈춰 섰다. 신의주는 한반도와 중국 대륙을 잇는 국경 제1의 도시이다. 크기나 지리적인 측면에서 가장 중요한 도시 중 하나이고, 서울역에서 평양을 거치는 경의선이 닿는 곳도 신의주역이다.

남북관계가 더욱 진전되고 평화 분위기가 조성되면, 금강산 관광 재개와 개성공단의 재가동에 이어 경의선 복원도 가능하리라고 기대하는 사람들이 많다. 최근 남북 간, 북미 간의 화해 분위기로 보아 이는 단순한 기대라기보다 빠른 시기에 실현 가능한 일이 될 것이다. 실제로 2018년 6월, 남과 북은 판문점 정상회담의 후속 조치로 남북 철로 연결에 대비하기 위해 경의선(개성 - 신의주), 동해선(금강산 - 두만강) 구간을 공동점검하기로 합의했다. 또 경의선(개성 - 평양)과 동해선(고성 - 원산) 도로를 현대화하기로 합의했다. 나는 부디 머지않은 시기에 경의선이 연결되기를 소

망하면서 잠시 신의주역사를 바라보았다.

　신의주역으로 출발하면서 승객들은 미리 출입국 카드와 세관신고서를 작성하느라 바삐 움직인다. 신의주역에 열차가 서면 검사원들이 여권검사와 세관조사를 한다. 세관검사원들이 열차에 타서 직접 육안으로 검사하는데, 2017년 10월 방북 땐 2시간 남짓, 그 다음 11월 방북 땐 3시간 조금 못 미친 시간이 걸렸다. 과도하게 검사한다는 느낌은 없으나 모든 승객의 짐 가방 하나하나를 검사하기 때문에 생각보다 오래 걸린다. 나는 조금 초조한 마음이 들기도 했지만 무난히 조사를 마쳤다.

세관검사원들이 가장 중점적으로 살펴보는 것은 그들이 자본주의의 가장 못된 것이라고 생각하는 '성적인 음란물'이 들어 있는 도서, CD, USB 영상물 등이라고 한다. 외설물의 밀반입을 적극적으로 막고 있는 것이다. 일반적인 생활용품이나 기본적인 물건들은 거의 제한 없이 가지고 들어가는 것으로 보인다.

이제부터 약 5시간의 본격적인 여정이 시작된다. 복도 양쪽 끝 행선지명을 알리는 곳에는 LED로 된 'a safe journey'라는 영문이 빛을 내고 있다.

이동 시간이 길기에 객실 안에서 대동강맥주를 마시고 안주로 고기를 먹는 사람이 많다. 열차에서 파는 도시락은 쌀밥, 왕만두, 삶은 계란, 생선전, 소고기볶음, 배추김치, 기타 반찬 등으로 알차게 구성되어 있다. 승객들 중에는 중국에서 물건을 사서 가는지 몇 개의 커다란 트렁크를 가지고 있는 사람도 보인다.

지루한 시간을 견디기 위해 동행끼리 이야기를 나누고, 음식을 먹고, 졸기도 하는 모습은 우리네 열차 안과 조금도 다르지 않다. 우리와 똑같은 생김새, 똑같은 모습이지만, 이곳은 북한이다.

지평선이 보이는 평야에는
벼가 무르익어가고

●
○

　　　　　　　　　신의주를 지나 평안도 땅에 들어서니 철길 주변으로 늘어선 건물들이 나타났다. 건물 여기저기에 어지럽게 전선이 감겨 있고, 에어컨 실외기도 보인다. 철로와 평행하게 난 포장된 도로(국도 1호선)에는 자동차와 택시, 버스가 달리고 있고, 그 사이로 자전거와 소달구지도 보이고, 이야기하며 걸어서 가는 사람도 있다. 모두가 뒤섞여서 부지런히 어디론가 오가고 있다.

　열차가 평야지대를 달릴 때 나도 모르게 감탄사가 흘러나왔다. 정말 오랜만에 보는, 지평선이 보이는 시원한 평야지대가 눈앞에 펼쳐진 것이다. 남한에는 평야가 펼쳐져도 각종 산업시설은 물론이고 창고나 비닐하우스 같은 건물이 가득 들어 서 있어서 지평선을 보기 힘든데, 평안도의 평야는 마음까지 뻥 뚫리게 만드는 시원한 모습이었다. 남한에서 지평선이 보이는 곳은 김제평야 정도일 것이다. 나중에 지도에서 확인해보니 당시 지나던 곳은 용천평야였다. 나는 어린 시절로 돌아간 것처럼 지평선이 보이는 드넓은 들판을 마음껏 달려보고 싶다고 생각했다. 그날은

언제쯤 올까?

　10월의 들판은 누렇게 익어가는 벼들로 그야말로 황금빛이어서 깊어가는 가을의 정취를 한껏 느낄 수 있었다. 작은 평야 지역에는 자연 하천이 흐르고 있고, 큰 평야 지역은 관개수로와 농지정리가 말끔히 되어 있었다.

　여기저기서 한창 추수하는 모습이 눈에 띄었다. 북쪽이라 일조량이 적어 남한보다 추수가 늦을 것이라 생각했는데, 벼를 일찍 심었는지 10월 초에 추수하는 곳이 많이 보였다.

　들판을 가득 채운 황금색 벼와 허리를 숙여 벼를 베는 농부들의 모습은 1990년대까지 우리에게도 익숙한 풍경이다. 추위가 몰려들기 전에 빨리 추수를 끝내야 하는 바쁜 시기인 만큼 작은 손을 더해 일을 돕는 학생들의 모습도 보였다. 이것 역시 우리의 지난 시절 풍경과 별로 다를 것이 없다. 학교 일과를 대신해 '모내기 봉사 활동', '보리 베기 봉사 활동', '추수 봉사 활동' 등을 하던 시절이 우리에게도 있었다. 농번기 활동을 하기 위해 학생들이 교복을 일상복으로 갈아입고 농부들을 찾아가면 환한 미소로 반갑게 맞아주곤 했었다.

　들녘에서 일하는 모습은 기계화가 정착된 우리의 농촌과는 조금 달라 보였다. 소수의 농부가 기계로 이앙하고 추수하는 우리와 달리 북에서는 아직 전통 노동력에 의지해 공동으로 일하고 있었다. 낫으로 벼를 베어낸 뒤 한쪽에 쌓아놓는 낟가리도 우리 평야지대에서는 이제 보기 힘든 모습이다. 콤바인으로 수확한 뒤 트랙터로 볏짚을 압축하여 비닐로 자동 벤딩하는 세상이 된 것이다.

이런 풍경은 평양에 가까이 갈수록 점점 달라졌다. 평안북도 동림역 부근에는 일정한 규격을 갖춘 근대화된 농촌 주택이 연이어 나타났다. 주택들이 동일한 디자인으로 동시에 지어진 듯했다. 정주역을 지나 좀 더 남쪽으로 내려가자 '뜨락또르(트랙터)'가 많이 눈에 띄고 추수가 이미 끝난 곳도 많았다. 평양 근처의 도시 순안에는 저층 아파트들이 줄지어 들어서 있었는데 아담하고 깔끔한 느낌이 들었다.

한편 열차로 이동하는 철로 인근에 북한 특유의 글씨체로 쓴 '내 나라 제일로 좋아', '조국이 기억하는 애국자가 되자!' 같은 문구가 쓰여진 커다란 입간판이 눈에 띄었다. 사회주의 국가에서만 볼 수 있는 낯선 풍경이었다.

2016년 1월 6일, 북한은 함경북도 길주군 풍계리에서 4차 핵실험인 첫 수소탄 시험이 성공적으로 진행됐다고 전격적으로 밝혔다. 이에 화답하듯 곧바로 미국이 강력한 제재조치를 실시했다. 마침내 2017년 8월 2일, 트럼프 미국 대통령이 원유 수입 봉쇄, 북한 노동자 고용 금지, 북한 상품 거래 금지 등이 담긴 고강도 대북제재법안에 서명했다. 두 나라는 평행선을 달리는 기차처럼 어떤 접점도 찾지 못한 채 갈 데까지 가고 있었다.

더구나 6차 핵실험 이후인 2017년 9월 11일, 중국을 포함한 유엔 안보

리에서 유류 공급 제한, 북한 노동자 해외 송출 금지가 포함된 북한제재 결의안을 채택함으로써 북한과 세계의 갈등은 최고조에 달했다. 유사 이래 최고도의 강력한 제재가 한 나라에 가해진 것이다. 이와 더불어 한반도를 둘러싼 긴장감도 정점에 이르렀다.

미국의 트럼프 대통령을 포함한 다른 나라의 사람들은 한반도에서 핵전쟁이 일어나서 수백만 명의 무고한 일반 시민들이 죽어 나가도 눈 하나 깜짝이지 않는 냉정한 심정으로 한반도 상황을 보고 있는 듯했다.

멀리 떨어져 있는 미국 사람들의 생각은 그렇다 치더라도 이해할 수 없는 것은 핵전쟁의 직접적인 피해를 입는 한반도에 사는 일부 사람들까지도 전쟁을 해서라도 북한을 없애야 한다는 사고방식을 갖고 있다는 사실이다. 어제오늘의 이야기는 아니지만 우리의 생명을 너무 안이하게 생각하는 사람들이 적지 않은 것 같다. 전쟁이 나면 자기는 절대로 죽지 않는다는 어리석은 생각에서 벗어나지 못하는 사람들이다. 이런 사람들 역시 한반도의 평화를 저해하는 요인 중 하나라고 생각한다.

이렇게 북미 간의 갈등이 심해지면서 언제나 북한을 감싸던 중국마저도 미국이 주도하는 국제 정세를 바꾸지 못하고 원유 공급을 중단하자 기름 한 방울 나지 않는 북한이 굶주림에 지쳐갈 것이라는 전망이 우세했다. 옛날 수만 명의 군사로 성을 둘러싸 성 안의 사람을 굶김으로써 항복을 받아내려는 공성전략의 형국이었다.

그런데 지금 신의주를 지나 평양으로 가는 도중에 목격한 북한 주민들은 굶주림과는 거리가 먼, 오히려 활력이 넘치는 모습이다. 북은 지금 어떤 상황인 걸까? 내 머릿속에는 커다란 물음표가 떠올랐다.

평양역으로

11월 방북 때엔 가을걷이가 모두 끝나 있었다. 논에 쌓아둔 볏짚도 모두 걷어가 깔끔하게 비워진 상태였다. 지평선이 보이는 텅 빈 논은 벼 이삭이 여물어갈 때보다 훨씬 더 넓게 느껴졌다.

아이들 몇몇이 지나가는 열차를 향해 손을 흔들어주었다. 아이들의 외형은 순박했지만 표정과 눈빛에서 기대와 설렘, 동경 같은 것이 느껴졌다. '저 열차를 타고 대도시에 가고 싶어', '평양에 가고 싶어' 이런 생각을 하고 있지 않을까? 열차를 타고 대도시에 가면 새로운 세상이 펼쳐질 것 같고 새로운 인생이 시작될 것 같은 기분. 지방 한촌에서 자라면 대도시를 떠올릴 때 누구나 그런 생각을 하게 되는 것이다.

열차는 시속 $40 \sim 60km$ 정도로 천천히 달렸다. 간혹 반대편에서 열차가 마주 오면 역에서 비껴주고 다시 달렸다. 복선 궤도가 아니라 단선 궤도인 것이다. 객실과 복도로 이루어진 객차 폭도 남한보다 좁은 협궤이다.

열차가 평양 외곽에 들어서자 도로에는 자동차가 많아졌고 덤프트럭 등 화물차도 지나다녔다. 열차 복도에 사람들이 빽빽이 몰려들었다. 평

양이라서 볼 것이 많아졌기에 모두 창밖 풍경을 보면서 이야기를 주고받았다. 그러는 사이 류경호텔이 시야에 들어왔다. 드디어 평양이다. 도로변 가게엔 네온간판이 켜져 있고, 달리는 자동차들도 헤드라이트를 켜고 있었다. 이미 주변이 어두워진 것이다. 낮 동안 쉬지 않고 달려 저녁 6시 4분, 마침내 평양역에 도착했다(+30분).

승객들은 열차에서 내려 목적지를 향해 분주히 움직였다. 두 손이 모자랄 정도로 짐을 가득 든 사람, 휴대폰을 꺼내 들며 가족에게 도착 소식을 알리는 사람, 마중 나온 지인과 반갑게 인사를 나누는 사람……. 열차의 도착과 함께 분주한 활기가 평양역에 빠르게 퍼져나갔다. 이들에게서 전쟁에 대한 불안이나 공포는 전혀 느껴지지 않았다. 우리의 평범한 기차역과 비슷한 분위기였고, 마치 유럽의 오래된 열차를 타고 여행한 것처럼 느껴지기도 했다. 이런 일상적인 느낌이 진짜 현실로 받아들여지기까지는 시간이 좀 더 걸렸다. 아직 나는 북녘을 잘 모르고 있었다.

평양역

"기필코 방북을 원합니다!"

●
○

"기필코 방북을 원합니다!"

2017년 9월, 중국 심양의 한 호텔 로비에서 재미 언론인 선배들에게 나는 단 1초의 망설임도 없이 이렇게 말했다.

전 세계가 하나가 되어 실시한 대북제재가 최고조에 달하고, 특히 북미 간 양 정상들의 말 폭탄으로 한반도에서 곧 전쟁이 일어날 것 같은 답답하고 엄혹한 분위기가 이어지던 시기였다. 하루가 멀다고 주고받는 언어 공격은 두 나라를 더 이상 하나의 하늘 아래에서 살아가기 힘든 철천지 원수로 만들어가고 있었다. 당사자들은 어떤 마음인지 모르나 이를 지켜보는 우리는 몹시 불편하고 상상하기 힘든 국면을 대비해야 한다는 초조감을 느낄 수밖에 없었다.

나는 이 시기에 미국에 거주하며 활동하는 언론인들과 함께 방북 취재를 추진했다. 북한은 지금 어떤 상태인지 직접 확인하고 싶었다. 북한에서 어떤 일이 벌어지고 있는지를 있는 그대로 보여주고 싶었다.

어렵사리 북쪽 당국으로부터 비자 발급을 통보받고 열흘 정도의 취재

일정을 기획하며 차근차근 준비한 끝에 중국 심양에서 재미 언론인 네 분과 합류했다. 북한 비자는 미국 뉴욕에 있는 주유엔 북한대표부를 통해 신청하면 평양 당국에서 심사한 뒤에 그 결과를 중국 심양 영사관으로 알려준다. 그러면 그곳에서 비자를 발급받아 방북할 수 있다.

이때까지만 해도 나는 한창 기대에 부풀어 있었다. 끝 모를 위기로 치닫고 있는 한반도 정세를 바꾸는 데 손톱만큼의 도움이라도 될 수 있다면 어떤 일이라도 하겠다는 각오로 충만했다.

그러나 심양에서 만난 재미 언론인들의 얼굴빛이 무척 어두웠다. 방북 취재를 추진할 당시에는 전혀 예상하지 못했던 일이 벌어진 것이다. 트럼프 미국 대통령이 행정명령을 발동해 2017년 9월부터 미국 시민권자들의 북한 방문을 금지한다고 발표한 것이다. 이러한 행정명령은 지금까지도 풀리지 않고 있다. 6월 12일 북미회담이 마무리됐으니 후속 조치로 이른 시일 안에 풀릴 것으로 기대하고 있다.

이 행정명령은 인권이 세계에서 최고로 존중받는다는 미국에서 행해진 것이다. 인권의 가장 기본이 무엇인가? 나는 이렇게 생각한다.

첫째, 사상의 자유를 인정하는 것이다. 한 개인이 어떤 생각을 하든 그것은 그 사람의 자유이다. 생각이 다르다고 해서 그 생각을 침해받거나 제한받는 것은 생각만 해도 끔찍한 일이다. 생각을 억압하고 제한하는 대표적인 것이 대한민국의 국가보안법이다.

둘째, 거주 이전의 자유를 인정하는 것이다. 세상 어디에 살든 어디로

가든 그것은 순전히 그 사람의 의지에 의한 것이어야 한다. 어떤 이유에서라도 거주지나 여행을 국가가 통제하는 것은 비인권적인 일이 아닐 수 없다. 이러한 비인권적인 일을 미국에서도 시행하고 있는 것이다.

그럼에도 불구하고 우리는 어떻게 해서든 방북 취재를 강행하려 했다. 하지만 행정명령을 위반할 경우 10년 동안 여권을 압수한다는 조항이 있어 네 분의 미국 시민권자 언론인들은 어쩔 수 없이 방북 취재를 포기할 수밖에 없었다. 그들은 징역형을 한두 달 내린다고 하면 기쁜 마음으로 보란 듯이 미국 대통령의 행정명령을 위반해서라도 방북했을 것이다. 하지만 여권은 보유해야 했다. 이에 재미 언론인들이 물었다.

"대한민국 여권을 소지했지만, 미국 영주권자인 진천규 선생은 어떻게 할 생각이요?"

나는 생각할 것도 없이 곧바로 답했다.

"기필코 방북을 원합니다."

이렇게 해서 2017년 10월 6일, 심양에서 재미 언론인들은 백두산 일대 항일 유적지를 탐방하러 발길을 돌리고 나 혼자서 평양으로 들어가게 되었다. 2017년 10월 6일부터 9일간(3차 방북 취재)을 시작으로, 11월 10일부터 13일간(4차), 2018년 4월 11일부터 11일간(5차), 6월 23일부터 15일간(6차) 총 네 차례 평양은 물론 원산, 마식령스키장, 묘향산, 남포 등지를 취재했다.

2010년 이명박 정부의 대북제재 조치 이후 한국인 언론인으로서는 최

초 단독 방북 취재가 이루어진 것이다.

그동안 여러 기자와 사진작가가 북한을 취재하고 사진에 담아냈다. 그들은 대체로 평양 시내, 정해진 장소 등을 이동하며 취재하고 사진을 찍었다. 이것이 문제라는 것이 아니라, 현실적으로 취재하고 사진에 담을 수 있는 곳이 한정되어 있다는 것이다. 또 세상에 공개된 북녘의 사진 중에 많은 수는 외국 기자나 작가들이 찍은 것이다. 그들은 말이 통하지 않기에 어쩔 수 없이 '관찰자'의 입장에서 취재하는 한계가 있었다.

하지만 나는 이전에 비해, 그리고 다른 사람들에 비해 훨씬 자유롭게 이곳저곳 다니며 취재할 수 있었다. 나아가 서로 말이 통하는 만큼 평양 시민들과 자유롭게 대화를 나누며 사진 찍고 동영상도 촬영할 수 있었다. 평양 시민들 사이를 아무 제약 없이 오가며 때로는 어깨를 부딪치기도 하고, 대화를 주고받으면서 자유롭게 촬영했다. 이 점이 다른 사람들의 평양 취재와는 차이가 있다.

또 다른 점은 내가 방북 취재를 할 당시는 북한을 둘러싼 국제정세가 화산보다 뜨겁게 끓는 상태였다는 것이다. 폭발을 목전에 두고 연기를 내뿜는 화산처럼 변해가는 한반도에서 기자인 내가 할 수 있는 일은 북쪽의 현실을 있는 그대로 보고, 보여주는 일이라고 생각했다. 폭발을 막을 힘은 없지만 열기를 식힐 작은 톱니바퀴라도 될 수 있다면 무엇이든 감행할 각오가 되어 있었다. 그래서 북녘에 있는 매 순간 카메라를 단단히 쥔 채 놓지 않았고, 피곤도 잊은 채 늘 심장이 뛰고 있었다.

평양 상주 특파원의
꿈은 1988년부터

●
○

　　　　　　　　　　내 꿈은 평양 상주 특파원이 되는 것이다. 이 꿈은 1988년 봄 한겨레신문이 탄생하던 때부터 시작됐다. 한겨레신문 창간 기자로 합류한 나는 그해에 판문점을 출입했다. 판문점은 유엔사가 관할하는 곳으로 흔히 JSA로 불린다.

　취재기자와 달리 사진기자는 출입처 없이 전국 어디든 취재하러 갈 수 있으나 청와대, 국회청사, 국제공항, 그리고 판문점은 신원이 확인된 출입증을 받은 기자에게만 허락된 곳이다. 이 네 곳 중 판문점이 당시 나의 출입처였다.

　유엔사의 군사 정전회담이 열리면 판문점에 취재하러 갔는데, 그때는 북측 지역인 판문각에도 들어갈 수 있었다. 당시 북한 기자들은 나를 보며 이렇게 놀려댔다.

　"야, 진 기자, 내 머리에 뿔 달렸지?"

　박정희 정권이 북한 사람들은 모두 머리에 뿔이 달린 도깨비라고 교육한 것을 비꼬며 농담한 것이다. 사실 이것이 우리의 현실이었다. 어린 시절, 나는 북한 사람들은 뿔 달린 도깨비라고 배웠고, 그러한 반공교육에 의문을 품는 사람은 모두 '빨갱이'가 되었다. 성장한 후 남북이산가족 상봉이 이뤄지자 그제야 북한 사람들도 우리와 똑같이 생긴 '사람'이란 걸 깨우치게 되었다. 이는 나 혼자만의 경험이 아니라 전 국민이 이런 식의 사고의 고착과 파괴의 과정을 거쳐왔다. 그리고 지금은 통일을 향한 새로운 국면을 맞고 있다.

어린 시절에 받은 반공 교육이 어찌나 철저했던지, 기자인 내가 북한 기자들과 이야기를 나누는 중에도 무심코 내 생각과 말을 스스로 검열하곤 했다. 이 사실이 큰 충격이었고, 이때부터 나는 평양 상주 특파원이 되겠다는 꿈을 갖기 시작했다. 누군가에 의해 한정된 정보 혹은 왜곡된 정보만 주입받아온 결과가 무섭고 끔찍하게 느껴졌기 때문이다. 내가 먼저 그것을 깨뜨리고, 많은 사람들이 북녘을 있는 그대로 보고 스스로 판단할 수 있도록 정확한 정보를 알려주어야 한다는 사명감을 갖게 되었다.

오랜 시간이 걸리긴 했지만 그 꿈을 항상 마음에 품고 있었기에 마침내 기회가 자연스럽게 찾아왔다. 한겨레를 그만두고, 한동안 미국에서 활동하던 중 여러 재미 언론인들을 알게 되었다. 이분들은 미국 시민권자여서 1년에 5~6차례 북한에 취재를 다녀오곤 했다. 부시, 오바마 행정부를 지나 트럼프 정부에서도 북한에 수시로 다녀오곤 했다.

2017년 문재인 대통령이 집권한 뒤 나는 한동안 접어두었던 평양 상주 특파원 꿈을 다시 꺼냈다. 재미 언론인들에게 함께 방북 취재를 하고 싶다는 뜻을 전했다. 나는 미국 시민권자가 아니라 영주권만 있고, 국적이 대한민국이어서 쉽지 않으리라 여기면서도 일단 시도했다.

재미 언론인들은 내 뜻을 흔쾌히 받아들여 함께 방북 취재를 추진했다. 그리고 북한에 가서 하고 싶은 일이 무엇인지 질문해왔다. 나는 망설임 없이 평양 상주 특파원이 되는 것이 첫 번째이고, 두 번째는 통일TV 관련 북측 영상물 저작권을 확보하는 것이라고 말했다. 통일TV는 체제나 주의주장과는 무관한, 남과 북이 모두 편안하게 즐길 수 있는 역사물, 자연 다큐멘터리, 음식 관련 프로그램 등을 제작 방영하는 케이블채널 전문 방송사로, 이런 영상 프로그램의 교류가 남북 간의 문화적 통일을 앞당기는 데 큰 역할을 할 수 있으리라고 생각해서 현재 내가 추진하고 있는 일이다.

이런 내 뜻을 북측에 전하니, 북측은 평양 상주 특파원은 당장은 할 수 없지만 일반 특파원은 가능하다고 답했다. 즉 취재는 언제든 가능하게 해주겠다는 뜻이다.

북한에서 중요하게 여기는 2·16 광명성절(김정일 국방위원장 생일), 4·15 태양절(김일성 주석 생일), 6·15 남북공동선언일, 8·15 광복절, 9·9절(정권수립 기념일), 10·4 선언일, 10·10 당창건기념일 등을 전후하여 2주 정도 취재할 수 있게 된 것이다. 그렇게 2017년 여름부터 나의 방북 취재가 시동을 걸게 되었다.

주체사상탑 전망대에서 바라본 서평양 전경.
중앙에 있는 광장은 김일성광장, 오른쪽에 있는 삼각뿔 모양의 건물은 류경호텔이다.

카메라 시선

평양의 봄
개선문 앞 칠성문거리

김정은 국무위원장이 2018년 신년사에서 "핵 단추가 내 사무실 책상 위에 항상 놓여 있다", "지난해 국가 핵무력 완성으로 공화국은 되돌릴 수 없는 전쟁 억제력을 보유하게 됐다"고 하자 트럼프 대통령은 트위터에 "나는 훨씬 크고 강력하고 실제 작동하는 핵 단추가 있다"고 맞받았다. 이때까지만 해도 한반도는 점점 더 위기 속으로 깊이 빠져들고 영원히 헤어나지 못할 것만 같았다.

내가 다섯 번째로 평양을 찾은 2018년 4월은 그래도 남과 북이 평창동계올림픽을 평화롭게 치르고 정상회담 일정이 잡히면서 많이 부드러워졌다. 평양엔 봄이 한창이었고, 개선문 앞 칠성문거리에는 족히 3~4㎞ 넘게 길게 이어지는 살구나무에서 만개한 살구꽃이 화려함을 뽐내고 있었다. 살구꽃은 〈고향의 봄〉에 나오는 그 꽃으로, 평양에는 살구나무가 가로수로 많이 식재되어 있다.

"나의 살던 고향은 꽃피는 산골. 복숭아꽃, 살구꽃, 아기 진달래~."

나는 이 노래를 흥얼거리며 칠성문거리의 살구꽃 사이를 걷고, 또 걸었다.

개선문 앞 칠성문거리에는 살구나무가 3~4㎞ 이상
길게 심어져 있어서 살구꽃이 만개하면 장관을 이룬다.
멀리 천리마동상이 보인다.
버스정류장은 현대적이고 버스를 기다리는 승객의 옷차림은
세련된 투피스 스타일이다.

카메라 시선

평양은 '열공' 중
인민대학습당

평양 최고 명당 터에는 김일성광장(p.48-49의 사진)이 자리 잡고 있다. 김일성광장은 군사행진, 군중시위 등 수십만 명이 집결하는 대규모 국가 행사가 열리는 곳으로, 우리가 TV에서 자주 보아온 장소이다. 그 한가운데 주석단이 위치한 곳이 인민대학습당 건물이다.

인민대학습당은 우리나라의 국립중앙도서관과 같은 곳으로, 김일성 주석 생존 당시 평양의 명소 한가운데에 무엇을 세울 것인가 고민을 거듭한 끝에 인민을 위한 공간을 배치하기로 결정해 1982년에 건설했다고 한다. 만 17세 이상의 인민이면 누구나 출입증을 발급받아 자유롭게 이용할 수 있고, 구내식당, 휴식시설 등도 갖춰져 있다.

자료검색대나 학습실에서 사용하는 컴퓨터는 델(DELL) 사의 제품도 눈에 띄었다. 많은 사람들이 영어회화 수업을 받는 모습이 특히 인상적이었다. 요즘 평양에서는 영어회화 공부를 많이 한다고 한다.

1
인민대학습당 자료검색대에서
자료를 검색하고 있는 시민들

2
인민대학습당 음악자료실에서
35년째 근무 중인 전희영(56세) 사서.
1982년 개관한 이래 이곳에서
계속 일해왔다며 자부심이 대단하다.

3
인민대학습당 학습실에서
영어회화 수업을 하고 있다.

2부

사람 사는 모습은
어디나 같다

평양역에서 대동강으로

평양역에서 대동강으로

●
○

　　　　　　　　신의주역에서 세관조사를 마치고 북녘땅에 들어온 지 5시간여 만에 드디어 평양역에 도착했다. 약 200㎞ 거리를 달려왔다. 평양역은 서울역에 비하면 규모는 조금 작지만, 못지않게 분주하고 활기가 넘친다. 역 앞에 주차된 차량도 많고 드나드는 사람도 많아서 이곳이 서울역인가 하는 생각이 들 정도이다.

　평양역에서 본 인상적인 장면 중 하나는 엄청난 전송객들이다. 이곳에서는 열차가 출발하기 시작하면 수많은 사람들이 열차 주위로 몰려들어 떠나는 사람들을 전송한다. 우리는 이런 전송 장면을 군 입대 때 외에는 보기 힘든데, 평양역에는 열차가 출발할 때마다 전송하는 인파가 꽤 되는 듯하다. 서로 손을 흔들며 이별을 아쉬워하거나 잘 다녀오라고 인사를 나누는 모습을 오랜만에 볼 수 있었다.

　평양은 고구려의 수도가 된 이래 한반도 역사에서 언제나 중요한 위치를 차지해왔다. 427년, 고구려 장수왕은 400년간 수도였던 국내성을 떠나 평야지대인 평양으로 수도를 옮겼다. 산악지대에 있던 국내성보다 경

평양역 앞 도로 영광거리.
도로 끝 중앙에 있는 건물이 평양역이다.

제적 기반이 탄탄한 평야지대로 옮기고 평양성을 축조했다. 지금도 그때 쌓은 성의 자취가 일부 남아 있는데 대동문, 을밀대 등이다.

주체사상탑 전망대에서 돌아본 평양의 전망은 내가 지금까지 본 풍경 중에 최고라 할 만하다. 화강석으로 조성된 주체사상탑은 아마 현재 세계에서 가장 높은 석탑일 것이다. 엘리베이터를 타고 꼭대기 전망대에 올라가면 탁 트인 눈맞에 곧바로 "와~" 하는 탄성이 저절로 흘러나온다. 평양 시내를 360도로 조망할 수 있다. 북에서 남으로 대동강이 흐르고 그 좌우로 평양 시가지가 펼쳐진다. 2018년 7월 취재 때는 한국인 최초로 주체사상탑 전망대에서 일몰을 보고, 평양 시내의 야경을 촬영하기도 했다. 평양은 조선민주주의인민공화국의 수도로 정식 명칭은 평양직할시이다.

평양에서 가장 눈에 띄는 것은 아파트들이다. 이는 서울과 비슷한 점이다. 평양의 아파트는 대개 8~15층 사이의 복도식 아파트이고, 서울의 목동이나 일산 같은 대규모 단지도 있다. 대표적인 단지는 1982년 평양에서 가장 먼저 건립된 문수거리 아파트이다. 2만여 세대의 대규모 단지로, 대동강을 중심으로 오른쪽인 동평양에 위치해 있다.

그런데 려명거리, 미래과학자거리, 은하거리 등 '김정은 시대'에 세워진 고층 아파트 거리는 평양의 새로운 풍경을 만들어가고 있다.(참고로 평양에서 '거리'는 서울의 종로, 을지로, 충무로 등의 '로'와 같은 개념이다.) 기존 아파트들이 10층 내외의 단순한 디자인과 단조로운 색조였던 반면 최근 건설

1 주체사상탑 전망대에서 본 동평양 지역 문수거리의 대규모 아파트 단지. 1982년 평양에서 가장 먼저 건설된 곳으로, 2만여 세대이다.

2 주체사상탑 전망대에서 본 서평양 지역 창전거리의 고층 아파트 단지. 2012년 완공되었다.

된 아파트들은 30~70층의 고층, 컬러풀한 색채, 독특한 디자인이 특징이다. 특히 가장 최근에 조성된 려명거리에 가면 독특하고 화려한 최신 건축물들을 감상할 수 있다. 야경 또한 무척 화려하다.

평양 시민들의 아침 출근길 풍경도 우리와 크게 다르지 않다. 정류장에서 버스를 기다리는 사람, 만원버스 속에서 책이나 휴대폰을 들여다보는 사람, 늦었는지 빠른 걸음으로 출근길을 재촉하는 사람, 교복 차림의 아이들, 아이 손을 잡고 등교를 돕는 부모 등 서울의 출근길과 비슷하다.

도로에 버스, 자동차와 함께 레일을 따라 일정한 궤도를 운행하는 궤도전차가 다니는 것과 광장에서 거리선전대가 출근하는 시민들을 격려하기 위해 음악에 맞춰 율동을 하는 모습은 서울에서는 볼 수 없는 이색적인 풍경이다.

그렇다면 퇴근 후 모습이나 휴일 풍경은 어떨까? 고단한 일과를 마치고 시원한 맥주 한잔을 들이켜면 하루의 피로가 싹 풀린다. 마음 맞는 친구와 늦게까지 야외에서 한잔한다면 사는 맛이 더해질 것이다. 평양에서도 그런 모습들을 볼 수 있었다.

휴일 저녁에 찾아간 개선청년공원에는 매대에 딸린 간이 테이블에 맥주와 간단한 안주거리를 놓고 인생사를 나누는 사람들이 꽤 있었다. 우리네 일상과 비슷했다. 그 모습을 보고 있자니 나도 거기 같이 앉아서 맥주 한잔 들이켜며 살아가는 이야기를 나누고 싶은 기분이 들었다. 또 2018년 6월 취재 때는 평양에서 인기 있는 맥주집인 경흥맥주집을 방문했는데, 퇴근길에 한잔하려고 들른 직장인들로 발 디딜 틈 없이 북적였다. 여기저기서 "건배" 소리가 들리고 친구나 동료들과 삼삼오오 모여 흥겹게 대동강맥주를 마시는 모습을 볼 수 있었다.

우리 민족은 누구보다도 흥이 많기로 유명하다. 노래와 춤추기를 즐기고, 공연도 좋아한다. 이번 취재기간 동안 평양에서 길거리 공연을 두어 번 보았는데, 공연 내용은 옛스런 정취를 풍기는 가극이었다. 공연이 시작되자 많은 시민이 발길을 멈추었다. 어린아이에서부터 노인에 이르기까지 남녀노소 가리지 않고 많은 사람이 공연에 몰입하면서 일체가 되어갔다. 그 표정하나하나가 무척이나 생생했고 흥겨움이 사진을 찍는 내게도 전해졌다.

그래, 사람 사는 모습은 어디나 같다.

이제 멀다고 하면 안 되겠다.

평양호텔 5층 카페(좌)와 개선청년공원 매대의
간이 테이블에서 간단히 한잔 즐기는 시민들(우)

휴일에 평양대극장 앞에서 거리공연이 펼쳐졌다.
많은 시민들이 즐거운 표정으로 공연을 관람하고 있다.

대동강 산책

평양을 이야기할 때 어떤 사람은 수만 명의 대규모 군사들이 열병하는 장면을 떠올릴 것이고, 어떤 사람은 대동강맥주나 옥류관 냉면을 떠올릴 것이다. 하지만 평양의 전체 모습을 머릿속에 그려본다면 무엇보다 평양을 가로지르며 유장하게 흐르는 대동강을 떠올리게 될 것이다. 서울의 상징 중 하나가 한강이듯이 대동강은 평양의 상징이자 평양을 구분하는 중요한 기준이다. 만약 한강이 없다면 서울이라는 도시가 얼마나 삭막하고 무미건조하겠는가? 마찬가지로 대동강은 평양의 인상을 결정짓는 가장 중요한 요소 중 하나이다.

북한의 수도다운 면모를 갖춘 평양은 대동강을 중심으로 크게 세 지역으로 나뉜다. 대동강 서쪽 지역을 서평양, 동쪽 지역을 동평양이라 하고, 보통강을 중심으로 펼쳐진 곳을 본평양이라 한다. 서평양에 김일성광장, 천리마 동상, 옥류관 등 우리가 언론매체를 통해 흔히 보아온 곳들이 모여 있고, 이곳이 평양의 중심부이다. 본평양에 평양역과 우리에게 잘 알려진 고려호텔 등이 있다.

평양 시내로 흘러들어오는 대동강.
위쪽 중앙의 섬이 능라도이고, 그 왼쪽의 녹색 숲 지역이 모란봉공원이다.
아래쪽 다리는 옥류교이고 옥류교 서단 바로 위의 기와 건물이 옥류관이다.
능라도에서부터 양각도까지 남북으로 흐르기 때문에 이곳을 기준으로
강 왼쪽이 서평양, 오른쪽이 동평양이다.

하류로 내려가는 대동강. 오른쪽이 서평양, 왼쪽이 동평양이다.
다리는 대동교로 1923년에 건설되었다.
중앙에 있는 섬은 양각도이고, 우뚝 선 건물은 양각도국제호텔이다.
양각도 아래 우측에서 보통강이 합류되고,
그 아래로 쑥섬, 두루섬 등 몇 개의 하중도가 더 있다.

대동강은 한반도에서 다섯 번째로 큰 강으로, 도심지 강폭은 서울 시내의 한강 폭보다 좁지만 유장미가 돋보인다. 대동강은 한반도의 역사와 함께해온 중요한 강이다. 고구려 이래 지금까지 한반도의 주요한 도시인 평양과 평양의 배후지역인 평양평야를 살찌게 하는 대동강은 역사의 다양한 굴곡을 말없이 품은 채, 체제갈등이 빚어낸 혼돈과 가슴 아픈 현실도 모두 감싸 안은 채 무심하게 흐르고 있다.

비 갠 긴 둑엔 풀빛이 짙어가는데
雨歇長堤草色多 (우헐장제초색다)

남포에서 임 보내며 슬픈 노래 부르네
送君南浦動悲歌 (송군남포동비가)

대동강 물은 언제 마를까
大同江水何時盡 (대동강수하시진)

이별의 눈물이 해마다 물결을 더하네
別淚年年添綠波 (별루년년첨록파)

〈송인(送人)〉(정지상)

고려 때 김부식 일파가 모든 것을 독점하자 수도인 개경에서 서경으로 천도하자는 의견이 대두되었다. 이에 곧바로 두 세력으로 나뉘어 세력다툼을 벌였는데, 승자는 김부식이었다. 서경(평양)으로 수도를 옮기면 자신의 모든 것이 잃는다고 직감한 김부식은 최대의 정적인 정지상을 역모로 몰아 처단하고 천도를 주장한 묘청 일파를 죽여 정권을 잡았다. 이후 개경은 고려 멸망 때까지 수도를 유지했다. 이때 희생된 정지상은 우리 역사상 가장 아름다운 이별시를 남겼는데 그 시가 바로 〈송인〉이다. 이 시는 대동강이 서해와 만나는 지점에 있는 남포에서 친구를 떠나보내며 지은 것인데, 나는 왠지 남과 북으로 이별해 있는 우리들의 모습이 대동강물 위에 어른거리는 것만 같았다.

나는 매일 아침 대동강 서안의 둔치를 산책했다. 대동강은 강안이 좁아 한강 둔치처럼 다양하게 꾸미지는 못했으나 여건에 맞게 편리하게 조성되어 있었다.

많은 시민이 이곳에 나와서 활기차게 아침 일과를 시작하고 있었다. 조깅하는 사람, 배드민턴을 치는 사람, 낚시하는 사람들이 보였고, 특히 자전거를 타는 사람이 많았다. 맨손체조를 하는 사람들도 있었는데, 그중에는 흥에 겨운지 혼자서 춤을 추는 것처럼 자유롭게 율동하는 사람도 있었다. 그야말로 활기차고 자유로운 아침 풍경이었다.

인상적인 것 중 하나는 강아지와 함께 산책하는 사람도 꽤 있다는 것이다. 내가 평양의 모습에 대해 강연할 때 "북녘에도 개나 고양이 등 반려동물이 있느냐"는 질문을 받곤 한다. 그때마다 대동강 둔치에서 강아지와 함께 산책하는 사람, 모란봉공원에 개를 데리고 나와 휴일을 즐기는 시민들의 이야기를 들려준다.

2017년 가을, 하루하루 위기로 치닫는 국제 정세와는 동떨어진 대동강변의 모습은 며칠 전까지 내가 있었던 서울과 다르지 않았다. 핵미사일을 쏘는 날에도 서울에서는 주식시장이 서고, 학교에서 수업을 하고, 프로야구가 열리고, 결혼식장에 사람이 가득하고, 산마다 등산객이 들어찬다. 변함없이 일상이 돌아가는 것이다. 이곳 대동강가에서도 평양 시민들의 일상은 변함없이 돌아가고 있었다.

내가 미국에 살 때 가끔 서울에 갈 일이 있으면 미국 친구들이 크게 걱정했다. 남과 북이 곧 전쟁을 할 것처럼 위기인데 왜 그런 위험천만한 서울에 가려고 하느냐며 말리기도 했다. 내가 미국에서 산 10여 년 동안 정도의 차이만 있을 뿐, 남북관계가 평화로운 시기는 단 한 해도 없었다.

그러나 막상 서울에 도착해보면 미국에서 생각하는 것과는 전혀 딴판이다. 서울 시민들은 전쟁에 대한 불안이나 위기감을 전혀 의식하지 못하는데, 괜히 외국에서만 호들갑을 떤다는 느낌이 든다. 미국에서 생각하는 서울이 전혀 딴 세상이듯이, 평양의 일상은 서울에서 생각하는 것과는 아주 많이 다르다. 평양에서도 서울과 같은 평온한 일상이 흘러가고 있을 뿐이다.

1
반려견과 함께 산책 나온 평양 시민. 빗으로 개의 털을 곱게 빗겨주고 있다.

2
아침 6시 조금 넘은 시간, 꽤 많은 시민들이 대동강에서 낚시를 즐기고 있다.

3
이른 아침 대동강 둔치에서 운동을 즐기는 평양 시민. 가운데 철교는 양각도를 가로지르는 양각다리이다.

주체사상탑 전망대에서 촬영한 평양 시내 야경.
주체사상탑 전망대는 오후 6시에 문을 닫는다(겨울철에는 오후 5시).
따라서 일몰 이후에는 이곳에 들어갈 수 없기 때문에
'야경'을 찍는 것이 불가능하다. 이는 현지인들도 마찬가지이다.
이번에 외지인 최초로 주체사상탑 전망대에서 평양 시내 야경을 촬영했다.

을밀대에 서면

●
○

대동강가와 함께 평양 시민들에게 가장 사랑받는 장소가 모란봉공원이다. 이 두 곳은 젊은 남녀들에게 인기 있는 데이트 코스이기도 하다.

대동강의 서쪽 모란봉구역에 모란봉공원이 있다. 모란봉 바로 앞 남쪽으로 대동강이 흐르고 있고 대동강 가운데에 능라도가 있다. 모란봉공원 북쪽 기슭에는 김일성경기장과 모란봉극장 등이 있고, 서쪽 끝에 옥류관이 있다.(참고로 모란봉구역에서 '구역'은 서울로 치면 종로구, 중구, 강남구 할 때 '구'의 개념이다.)

모란봉공원에는 을밀대와 부벽루 등 역사적으로 유명한 누각들이 있다. 을밀대는 고구려가 평양성을 축조할 때 세운 장대(군사 초소)로, 현재의 을밀대는 1714년에 새로 건축했으며 북한의 문화재로 지정되어 있다. 어른들은 가수 나훈아의 노래 〈대동강 편지〉를 통해 그 이름들을 익히 들어보았을 것이다.

대동강아 내가 왔다

을밀대야 내가 왔다

우표 없는 편지 속에

한세월을 묻어놓고

지금은 낯 설은 나그네 되어

칠백 리 고향 길을 찾아왔다고

못 본 체 마라 못 본체 마라

반겨주렴아

대동강아 내가 왔다

부벽루야 내가 왔다

주소 없는 겉봉투에

너의 얼굴 그리다가

눈보라 치던 밤 달도 뜬 건

울면서 떠난 길을 돌아왔다고

못 본 체하네 못 본 체하네

반겨주렴아

〈대동강 편지〉(1981년에 발표한 나훈아의 노래)

이 노래가 발표된 1981년은 전두환 보안사령관이 정권을 잡은 다음 해이다. 당시 나훈아는 이 노래를 포함해 〈잡초〉 등으로 최고의 인기를 누렸다. 〈대동강 편지〉는 나훈아 특유의 애절하고 숨이 끊길 듯 넘어가는 독특한 스타일이 유감없이 발휘된 노래이다.

다소 의아한 건, 전두환 정권 초기임에도 불구하고 북녘을 그리워하는 가사가 들어간 〈대동강 편지〉를 금지곡으로 지정하지 않고 유행하도록 그대로 두었다는 것이다. 대동강, 을밀대, 부벽루는 모두 평양의 유명 장소이고, 이 곡은 고향인 평양을 그리워하는 내용이 아닌가?

휴일의 모란봉공원은 많은 행락객들로 넘쳐난다. 데이트하는 젊은 남녀를 비롯해 가족이나 친구와 함께 수풀이 우거진 공원길을 함께 걸으며 즐거운 시간을 보내는 사람들이 많다.

가족 단위로 먹을거리를 준비해 와서 돗자리를 펴고 식사하는 사람들도 있고, 아예 휴대용 가스레인지와 불판을 놓고 고기를 구워 먹는 사람들도 있다. 또 모란봉공원은 평양 사람들이 결혼식 날 찾는 필수코스 중의 하나이다. 친구나 가족과 함께 사진촬영을 하는 신랑신부의 모습도 제법 눈에 띄었다. 모두 정장을 갖춰 입고 새 출발하는 신랑신부를 축하해주었다.

모란봉공원은 특히 경치가 좋은 것으로 유명하다. 을밀대에 서면 평양시 전체를 조망할 수 있는데, 탁 트인 풍광이 무척 아름답다.

을밀대 앞은 가장 인기 있는 사진촬영 장소이다.
많은 사람들이 을밀대 현판을 배경으로 기념사진을 찍는다.

모란봉공원은 신랑신부가 결혼사진을 찍는 필수 코스이다.
신랑신부와 친구들이 비디오 촬영을 위해 '꼬리잡기' 놀이를 하며
재미있는 포즈를 취하고 있다.

1　모란봉공원에는 가족 단위의 방문객들이 많다. 할아버지가 휴대폰으로 손자의 사진을 찍어주고 있다.

2　나귀 마차를 타는 가족

을밀대에서 내려다 본 청류다리. 멀리 보이는 곳은 황해북도 승호군.
을밀대는 사방을 다 볼 수 있는 곳이라는 뜻의
'사허정(四虛亭)'이라고도 불린다.

모란봉공원의
황진이

●
○

　　　　　　　모란봉공원은 평일에는 어떤 모습일까 궁금해서 다시 찾아가 보았다. 평일에도 꽤 많은 사람들이 모란봉공원을 찾았다.
　정상으로 오르는 길에 흙을 만지며 놀고 있는 소학교(초등학교) 3학년 학생 두 명을 만났다. 이야기를 나눠보니 다음날 미술시간에 진흙 만들기 수업이 있어서 진흙을 준비하기 위해 흙을 다듬고 있다고 한다. 요즘 우리 학생들은 모두 문방구에서 진흙을 사서 갈 텐데, 평양에서는 예전 우리 학생들처럼 직접 흙을 파서 뭉쳐 사용하고 있었다.
　평일 낮인데도 모란봉공원 이곳저곳에서 많은 시민들이 삼삼오오 모여 시간을 보내고 있었다. 그런데 특히 재미있는 장면이 눈에 띄었다. 수십 명의 사람들이 모여서 함께 춤을 추고 있었다. 그런 그룹이 두 개나 되었다. 우리가 운동회 같은 행사를 할 때 사용하는 대형 스피커로 음악을 크게 틀어놓았는데 빠른 박자에 춤추기 좋은, 북녘 특유의 운동성이 가미된 가요였다.
　분위기가 얼마나 흥겨운지 그 주위를 걸어가던 사람들도 동화되어 어

모란봉공원 을밀대 근처에서 은퇴한 시민들이
음악 소리에 맞춰 춤을 즐기고 있다.

깨를 들썩이거나 춤을 추며 발걸음을 옮겼다. 마치 관광버스에서 한창 춤을 추던 사람들이 휴게소에 내려서도 흥이 가라앉지 않아서 화장실까지 춤을 추며 걸어가는 우리 모습과도 닮아 보였다.

이야기를 들어보니 이들은 주로 은퇴한 사람이어서 이렇게 여유롭게 여가를 보내고 있다고 했다. 여성은 55세, 남성은 60세가 되면 일터의 현장에서 떠나 은퇴하고 연금을 받으면서 생활한다고 한다.

춤추는 사람들이 재미있기도 하고 같이 흥이 나기도 해서 나는 사람들 사이를 여기저기 오가며 다양한 모습을 카메라에 담았다. 그렇게 한창 사진을 찍다가 돌아보니 나와 동행하는 안내원 김미향 씨가 산책하던 두 여성과 말을 나누고 있었다. 그중 한 명이, 언젠가 김미향 씨가 강의하는 모습을 보았고 그때 이야기를 꺼내며 아는 체를 했던 것이다.

"우리 집에 한번 놀러 오십시오."

그 여성이 김미향 씨에게 말했다.

"집이 어디인데요?"

서로 반가운 표정으로 이야기를 이어가다가 전화번호를 물었다.

"참, 전화번호가 어떻게 되세요?"

"○○에 ○○○○이에요."

김미향 씨가 전화번호를 알려주자 두 여성이 곧바로 뒷주머니와 백에서 휴대폰을 꺼내 번호를 저장했다. 그리고 바로 전화를 걸어 김미향 씨가 받자 번호를 확인했다. 우리가 전화번호를 주고받는 방식과 같았다.

"성함은?"

김미향 씨가 그 여성의 이름을 물었다.

"황정희입니다. 꼭 놀러 오십시오. 호호호."

"네, 갈게요."

"감사합니다. 호호호."

그렇게 인사를 하고 돌아서는데, 함께 걷던 친구가 뒤돌아보더니 대뜸 큰 소리로 이렇게 말했다.

"이 사람 이름이 생각나지 않으면 황진이를 생각하십시오."

김미향 씨와 내가 바로 알아채지 못하고 가만히 있자 그 여성이 유쾌한 목소리로 말했다.

"하하하! 제 별명이 황진이입니다."

그제야 우리는 큰 소리로 웃으며 알겠다고 했다. 그리고 김미향 씨가 한마디 덧붙였다.

"황진이는 미인인데……. 하하하."

우리는 한참 동안이나 계속 웃었다.

두 사람과 헤어지고 나자 김미향 씨가 "세상 곱게 살아야지. 나쁜 짓 하고 살면 안 돼요. 한 다리 건너면 다 알아보는 사람이 있어요" 하고 말했다.

나는 또 다시 사람 사는 세상은 다 똑같구나 하는 생각이 들었다.

별명이 황진이인 황정희 씨(맨 왼쪽)와 친구(가운데), 안내원 김미향 씨. 서로의 번호를 휴대폰에 저장하고 있다.

카메라 시선

평양의 아침
대동강 주변 출근길 풍경

　출근길 풍경을 보면 그 도시의 활력과 생기를 짐작할 수 있다. 2017년 10월부터 2018년 7월까지 네 차례 방문 기간 나는 매일 아침 숙소 주변을 산책하며 평양 시민들의 출근길 풍경을 카메라에 담았다.
　내가 묵은 평양호텔은 대동강가에 위치해 있어서 대개 그 주변 모습을 취재했다. 호텔을 나서 대동강 둔치길을 따라 내려가 김책공업종합대학 정문을 지나 돌아오거나, 호텔에서 평양역으로 걸어간 뒤 고려호텔 주변을 걷거나, 호텔에서 김일성광장까지 걸어갔다 돌아오거나, 호텔 근처의 대동강 다리를 건너며 출근길 시민들의 모습을 카메라에 담았다.
　버스를 기다리는 긴 줄, 만원버스, 발걸음을 재촉하는 시민들과 학생들의 모습은 우리와 비슷했다. 자전거로 출퇴근하는 사람이 많고, 평양대극장 앞 광장에서 거리선전대가 출근하는 시민들을 격려하기 위해 율동을 하는 모습은 우리와 달라 이색적이었다. 부지런히 출근길을 재촉하는 시민들 사이에서 활기찬 '수도 평양'을 몸으로 확인할 수 있었다.

| 1 |
| 2 |

1 중구역 외성동 평양대극장 앞 버스정류장에서 무궤도버스를 기다리는 평양 시민들. 버스요금은 5원이다. 직장인은 회사에서 버스요금을 제공해준다고 한다.

2 아침, 저녁 출퇴근 시간대엔 거의 모든 버스가 만원이다.

출근길을 재촉하는 다양한 모습의 시민들

중구역 외성동 평양대극장 앞 광장에서
거리선전대가 출근하는 시민들을 격려하기 위해
음악에 맞춰 율동을 하고 있다.

중구역 영광거리에서 자전거를 타고
출근하는 시민들

1
중구역 교구동의 출근길 시민들

2
동평양의 동대원구역에서
강 건너의 서평양으로
대동다리(대동교)를 건너 출근하는 시민들

3
교복을 입고 등교하는
김책공업종합대학교 학생들과
엄마 손을 잡고 걸어가는 어린이

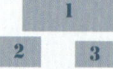

3부

내 얼굴 찍지 마세요!

아이들은 어디에서나 똑같다

아이들은 어디에서나 똑같다

●
○

통계청이 발표한 〈2017년 사회조사〉의 청소년 통계에 따르면, 청소년(13~24세)의 직업 선택 요인은 중학생의 경우 '적성, 흥미'가 39.7%로 가장 큰 비중을 차지했다. 2위는 '수입'(24.6%)이, 그 다음으로는 '안정성'(16.9%), '보람'(7.0%) 순이었다. 고등학생도 중학생과 같은 순위를 보였으나 대학생의 경우 '적성, 흥미'(28.7%)보다는 '수입'(32.9%)을 가장 큰 요인으로 꼽았다. 선호하는 직장은 공기업, 국가기관, 대기업 순으로 꼽았다.

우리 청소년이 장래에 가질 직업을 고려할 때 자신의 적성이나 흥미를 우선으로 생각하지만, 나중에 실제 직업을 선택할 때는 안정적인 경제적 요건을 고려하는 것이 현실임을 보여준 지표이다. 그래서 학교 교육이나 방과 후의 일상도 그런 직업을 가질 수 있도록 맞춰져 있다.

그렇다면 북녘의 아이들은 어떤 모습일까? 아직도 소총을 어깨에 걸친 채 '미제를 때려잡기' 위해 어린 손발을 잽싸게 놀리며 군사 훈련을 하고 있는 것은 아닌지, 꽃제비로 연명하고 있는 것은 아닌지, 취재가 자유롭지 못했던 지난 10년 동안 아이들이 얼마나 달라졌을지, 지금은 어떤 모습을 하고 있을지 쉽게 상상이 되지 않았다.

솔직히 고백하면, 나는 은연중에 북녘의 아이들이 불안하고 움츠린 모습일 거라고 생각하고 있었다. 조금만 더 제재를 가하면 북한이 굶주림에 지쳐서 손을 들고 나올 것이라는 바깥세상의 논리에 나 역시 젖어 들어 있었다. 그래서 가장 어리고 힘없는 아이들에게 불안이라는 그늘이 드리워져 있을 거라고 생각했던 것이다.

그런데 현실에서 마주한 아이들의 모습은 내 예상을 빗나갔다. 불안하고 위축된 모습이 아니라 오히려 표정에는 자신감이 넘치고 행동도 아주 자연스러웠다.

이들은 바깥의 예상과 달리 자신의 삶의 울타리가 든든하다고 느끼고 있는 것일까? 무엇이 그렇게 만들었을까? 이곳 아이들은 어떤 미래를 꿈꾸고 어떤 인생을 계획하고 있을까? 나는 그 궁금증을 풀고 싶어서 아이들이 보일 때마다 셔터를 눌렀다.

대동강변에서 발랄한 네 소녀를 만났다. 손목시계를 차고 레깅스를 입고 손에 책을 든 여학생들이 즐겁게 이야기를 나누며 어디론가 걸어가고 있었다. 북녘에서는 대개 만 7세부터 13세까지의 아이들은 붉은 소년단 스카프를 매는데, 스카프를 매지 않은 아이들은 남한 아이들과 비슷한 모습이어서 거의 구분이 안 됐다.

　다른 점이 있다면 이곳 아이들은 수업이 끝나면 우리 아이들처럼 학원을 전전하지 않고 대개 친구들과 어울려 놀거나 함께 시간을 보낸다는 것이다.
　사진 속에 보이는 자동차와 다리, 강변에서 데이트하는 커플 등의 풍경은 우리 한강변에서 흔히 볼 수 있는 모습이다. 대동강을 배경으로 걸어가는 여학생들의 이 사진은 서울 어느 한강변의 모습이라고 해도 크게 이질감이 느껴지지 않을 것이다.

"우리 찍은 사진,
모두 삭제해주세요!"

2017년 10월 중순 어느 날, 나는 평양시 평천구역 미래동 미래과학자거리에 있었다. 미래과학자거리는 2015년에 완공된 아파트(살림집) 단지가 있는 곳으로 김책공업종합대학 교원들이 주로 거주하며, 평양 여러 대학의 교원, 연구사들의 살림집으로 구성되어 있는 지역이다.

이날 이곳에서 당돌한 여학생들을 만나 곤혹스러운 상황을 겪었다. 학교를 마치고 교복을 입은 채 즐겁게 걷는 중학교 여학생들이 눈에 띄었다. 나는 본능적으로 그들을 향해 셔터를 눌렀고, 아이들도 본능적으로 내가 사진을 찍고 있음을 알아챘다. 몇 컷을 연속해서 찍자 그들이 내게 다가왔다. 내게 말을 걸거나 인사하려는 줄 알고 반가운 표정으로 그들을 맞았다.

그런데 그중 한 여학생이 대뜸 "우리를 왜 찍습니까?" 하며 강한 어조로 몰아붙였다. 무척 화난 표정과 말투였다. 북녘에서 취재하는 동안 이런 상황은 처음이었다. 나는 순간 당황에서 "예뻐서 찍는다"는 말밖에 나오지 않았다. 아이들은 물러서지 않고 "미리 양해를 구하지 않고 무조건 찍었다"며 사진 삭제를 요구해왔다. 손에는 휴대폰을 들고 교복을 단정하게 입은 채였다.

남쪽에서야 초상권은 물론이거니와 '몰카'로 인한 사생활 침해가 큰 사회 문제가 되어 있으니 촬영 전에 허락을 얻는 것을 당연하게 여겼지만, 북녘에서 이렇게 강한 요구를 받을 줄은 상상하지 못한 터였다. 더구나 어린 학생들에게 이런 타박을 들을 줄이야. 너무 방심했고, 그들을 무심하게 낮춰본 것 같아 미안했다.

"이 사진을 어디에 쓸 겁니까?"

"우리 찍은 사진, 모두 삭제해주세요!"

아이들은 나를 계속 따라다니며 사진을 어디에 쓸 거냐고 강하게 물었다. 사진을 삭제하지 않으면 한 발짝도 물러서지 않겠다고 했다. 결국 안내원 김미향 씨가 나서서 "남쪽 기자 선생님이 허가를 받고 취재 중이다"면서 달랠 수밖에 없었다. 20여 분 동안 설득한 끝에 사진을 삭제하지 않고 겨우 무마할 수 있었다.

사진기자로서는 곤혹스러운 상황이었지만 한편으로 아이들의 당돌한 태도가 반갑기도 했다. 이렇게 당당하게 자신의 권리를 주장할 줄은 전혀 예상하지 못했기 때문이다.

김미향 씨는 이 일로 자기 역할을 충실히 해서 아주 만족해했다. 만약 나 혼자 다니다 이런 일을 겪었다면 무척 난처한 상황에 빠졌을 것이라

고 했다. 자기가 나서지 않았다면 이 정도에서 마무리되지 않고 어른들이 나타나서 큰 봉변을 당할 수도 있었다는 것이다. 그리고 만약 내가 서양인이었거나 생김새로 한눈에 외국인임을 알아볼 수 있었다면 저 아이들이 그렇게 적대적이지 않고 오히려 환하게 웃는 모습으로 손을 흔들어주었을 것이라고 했다.

아니, 서양인은 괜찮고 같은 피가 흐르는 남한 기자는 자기들의 사진을 찍어서는 안 된다? 나는 도무지 이해가 되지 않았다.

김미향 씨는 "우리 조선(북한)에서는 남조선 기자들에 대한 이미지가 나쁘다"며 그 이유에 대해 예를 들어가며 설명했다.

건물이 오래되고 낡으면 벽에 금이 갈 수도 있고, 페인트칠이 벗겨져 제때 수리하지 않으면 허술하게 보일 수 있다. 그런데 남쪽 기자들은 북녘의 그런 허술한 모습만 찍어 낡은 이미지를 보여주면서, 마치 북쪽의 전체 이미지가 그런 것처럼 왜곡해서 보도한다. 그래서 무척 억울하다. 이것이 북한 주민들이 남한 기자에 대해 적대적인 이유라고 했다.

김미향 씨는 대뜸 내게 "기자의 본분이 무엇입니까?" 하고 물었다. 그리고 평소 자신이 가지고 있던 생각을 쏟아냈다. 기자라면 당연히 사람들이 억울해하는 것을 풀어줘야 하는데 남쪽 언론에서는 오히려 북녘을 왜곡해서 억울하게 만든다는 것이다. 특정 종편의 어느 프로그램은 특히 북녘을 더 악의적으로 모욕하는 보도를 한다고, 김미향 씨는 대놓고 적대감을 표현하기도 했다.

"진 선생에게 우리의 체제를 무턱대고 선전해달라는 것이 아닙니다. 그저 있는 그대로 정확하게, 보편타당하게 기자로서 양식을 가지고 충실하게 보도해달라는 겁니다. 그 이상도 이하도 아닙니다."

김미향 씨는 마지막으로 내게 이렇게 당부했다.

아이들 사진을 찍으며 북녘 사람들이 남한 기자에 대해 어떻게 생각하는지, 올바른 언론관이란 어떤 것인지까지 이야기하게 되었다. 언론관에 관해서는 서로 자신의 입장과 견해가 있겠지만, 평양의 아이들이 자기의 의견을 피력하는 모습이 신선하면서도 남한 기자에 대해 불신과 적대감을 갖고 있다는 사실이 가슴 아프게 다가왔다.

우리와 다른 교육 시스템

●
○

　　　　　　　　학생들의 다양한 모습을 카메라에 담고 싶던 차에 평양시 사동구역 휴암동에 자리 잡은 평양초등학원의 수업 현장을 취재할 기회를 얻었다. 교실엔 한 명의 선생님과 30여 명의 아이들이 수업 중이었다. 선생님은 흰색 저고리와 검정 치마 차림이었고, 아이들은 모두 교복을 입고 있었다. 교복 위에 두른 붉은 소년단 스카프가 눈길을 끌었다.

　내가 바쁘게 카메라 셔터를 눌러대는데도 대부분의 아이들은 조용히 수업에 열중했다. 그런데 유독 한 아이만이 사진을 찍는 '기자 선생'이 못마땅하다는 표정으로 카메라를 뚫어져라 쳐다봤다. 앞서 미래과학자거리에서 만난 여학생들처럼 남한 기자가 혹시 자신들의 안 좋은 모습을 찍을까 봐 경계하는 것 같아 마음 한편이 편치 않았다.

　이 학교는 2017년 2월 5일에 신축 개원했고, 250여 명의 학생 전원이 기숙사 생활을 하며 소학교 1학년부터 5학년까지 재학 중이다. 선생님은 수업 교원 22명과 과외 교양원 20명이 있고, 관리직원 80여 명이 근

사진 찍는 '기자 선생'이 못마땅한지 뒷줄에 앉은
아이의 표정이 심상치 않다.

무한다.

　초등학원은 일반 학교가 아니라, 부모 모두를 잃은 아이들을 국가에서 책임지고 가르치는 곳으로, 아이들은 기숙사 생활을 하며 소학교 과정을 이수하게 된다. 북녘의 복지제도는 남쪽과는 다르므로 그대로 단순하게 비교할 수는 없지만, 부모가 없는 아이들을 책임지고 교육하는 전문 학교가 있다는 건 좋은 방식인 것 같았다.

　아이들이 공연을 관람하는 모습도 카메라에 담았다. 평양시 만경대구역 광복거리에 2015년에 새로 단장하여 준공한 만경대학생소년궁전이 있다. 이곳은 학생들이 재능을 키우도록 방과 후에 과외학습을 하는 곳으로, 매주 목요일 오후 2시부터 4시까지 2시간만 외부 인사의 참관을 허락한다. 외부 인사들이 참관하면 아무래도 학생들의 수업 집중도가 떨어지기에 이를 방지하는 것이다.

　2017년 10월 12일 오후에 이곳을 방문했는데 외국 관광객들의 모습도 적지 않게 눈에 띄었다. 아이들은 기타, 피아노, 아코디언, 전통악기 등을 배우는 음악활동, 발레 등의 무용활동, 미술활동, 서예활동 등을 하며 다양한 예술 분야를 익히고 있었다.

　이곳에서는 학생들의 공연도 실연되는데 마침 단체관람을 온 학생들이 공연을 기다리고 있었다. 북녘에서는 학교별로 돌아가면서 공연을 관람한다고 한다. A라는 공연은 B도의 C군에 있는 학교가 관람하고, 그 다음 공연은 또 다른 학교가 관람하는 식이다.

관람하는 학생들은 딱딱한 교실을 잠시 벗어나서 좋고, 공연하는 학생들은 공연장을 꽉 채운 관중 앞에서 큰 박수를 받으며 공연하기에 서로에게 좋은 것이다.

이런 방식을 '보여주기'라며 비판하는 사람도 있을지 모르지만, 한편으로는 전국의 모든 학생이 골고루 공연을 관람할 수 있는 합리적인 방식인 것 같다. 이것이 사회주의 체제인 북녘이 공연장을 운영하는 방식이라는 설명을 듣고 이해하게 되었다. 일반 인민(국민)을 위한 공연도 마찬가지 방식으로 운영된다고 한다.

만경대학생소년궁전에서
학생들이 공연하고 있는 모습

만경대학생소년궁전에서 예술활동을 하는 학생들

―― 카메라 시선 ――

평양의 학생들
소학교부터 초급·고급중학교까지

    무엇을 읽고 있을까? 바쁘게 출근길을 재촉하는 평양 시민들 사이로 책에서 눈을 떼지 못한 채 학교로 향하는 두 소녀가 보였다. 정말 오랜만에 휴대폰이 아니라 책을 보며 길을 걷는 모습을 보니 옛 기억이 새롭다. 나도 중고등학교 무렵에는 시험기간이면 하나라도 더 외우려고 등굣길에도 책을 보곤 했는데, 저 아이들도 오늘 학교에서 시험을 보는 걸까? 평양에서는 이처럼 학생들이 책을 보며 걷는 모습을 심심치 않게 볼 수 있었다.
    북녘에서는 소학교 학생부터 대학생까지 모두 교복을 입고, 만 7세부터 13세까지의 아이들은 소년단에 가입해 붉은색 소년단 스카프를 맨다. 그러나 붉은 스카프를 맨다고 다 전사가 되는 것은 아닐 터. 친구의 손을 꼭 잡고 어디론가 걸어가는 아이들, 노트에 적힌 내용을 보며 심각한 표정으로 이야기를 나누는 짧은 머리의 소년들, 광장 이곳저곳을 뛰어다니며 장난을 치는 학생들을 보고 있으면 그 순수한 모습에 슬며시 입꼬리가 올라간다.

1
김일성광장을 지나는 소학교 학생들.
짧은 머리에 교복을 입고
커다란 가방을 메고 있다.
붉은 소년단 스카프가 눈에 띈다.

2
친구와 손을 잡고 걸어가는 아이들.
어느 나라에서나 볼 수 있는
평범한 광경이다.

비 내리는 오후, 하교하는 아이들.
화려한 우산과 우비로 멋을 낸 것이 우리 아이들과 비슷한 모습이다.
학교에 아이들을 데리러 온 부모나 조부모들의 모습도 종종 눈에 띄었다.

소학교 4학년 학생들.
평양시 대성구역에 있는 중앙동물원에
친구들끼리 지하철을 타고 놀러왔다고 한다.
얼굴에 장난기가 가득 묻어 있다.

4부

평양은 통화 중

택시와 휴대폰은 어떻게 진화하는가

"평양에서도 이메일이 되나요?"

●
○

"여보세요, 어디세요? …… 나요? ○○입니다."
"……"
"아니에요, 잘못 걸었어요."

2017년 10월 어느 날, 평양 시내에서 취재하고 있는데 휴대폰으로 통화하며 걸어가던 사람이 잘못 걸려온 전화를 받았는지 당황해하며 말하는 소리가 들렸다.

이번 평양 방문에서 가장 눈에 띈 것은 평양 시민들이 일상적으로 휴대폰을 사용하는 모습이다. 음식점이나 백화점에서는 물론이고 버스와 지하철 안에서도 자유롭게 휴대폰으로 통화하고, 길거리에서도 휴대폰을 들여다보며 걷는 모습이 눈에 띄었다. 휴대폰으로 사진을 찍고 게임 같은 것을 즐기는 사람도 서울에서처럼 흔히 볼 수 있다. 소학교 학생이 휴대폰을 사용하는 것은 보지 못했지만 초급·고급중학교 학생에서부터 어른까지 많은 이들이 휴대폰을 들고 다녔다.

평양 시내의 음식점에서는 태블릿 피시로 주문을 받기도 했다. 점심을

먹으러 들른 모란봉면회자숙소 1층 식당에서는 봉사원이 태블릿 피시를 들고 메뉴 하나하나를 보여주며 주문을 받았다. 이런 주문 방식은 미국이나 우리나라에서도 흔치 않은 것이라 낯설기도 하고 놀랍기도 했다.

평양 취재 중에 또 한 가지 놀란 것이 인터넷 환경이다. 평양국제공항에서 와이파이를 사용해 인터넷을 이용할 수 있었는데, 국제공항이라서 가능하다고 생각했다. 그런데 내가 묵었던 평양호텔에서도 인터넷을 마음껏 사용할 수 있어서 내가 원하는 자료를 바로 찾고 미국이나 남한과 아무 때라도 이메일을 주고받을 수 있었다.

평양에서 남한으로 이메일을 보내면, 받는 사람이 깜짝 놀라곤 한다. 그러면서 "지금 북한에서 보내는 이메일이 맞느냐?"며 의심한다.

한번은 내가 일 때문에 급하게 서울로 이메일을 보내고 답장을 기다리는데 아무리 기다려도 답장이 오지 않았다. 상대방이 메일을 받고도 평양에서 보낸 메일이 맞는지, 혹시 감시를 당하는 건 아닌지 의심해서 답장을 하지 못한 것이다.

내가 "지금 당장, 빨리 보내!" 하며 여러 번 재촉하자 그제야 '평양하고 실시간으로 소통이 되는구나' 느끼고 이메일을 보내왔다. 우리는 그만큼 평양의 사정에 어두운 것이다.

원산을 방문했을 때 원산농업종합대학교를 찾아가 강의하는 모습을 취재했다. 강의 중에 교수가 파워포인트(PPT)로 자료를 보여주며 설명했는데, 노트북에 윈도우와 MS익스플로러가 설치되어 있었고 파워포인트 2010이 구동되고 있었다. 또 평양 시내 고려항공 대리점에서는 항공권 예약 업무에 여러 대의 노트북을 사용했는데, 모두 HP 노트북이었다. 이렇게 북녘에서도 IT 기기와 프로그램을 일상적으로 사용하고 있었다.

내가 이번에 사진과 동영상으로 취재한 모습을 알리기 전까지만 해도 우리나라 사람들은 북녘에서 휴대폰을 일상적으로 사용하고, 평양의 호텔에서 서울에 있는 사람과 실시간으로 이메일을 주고받을 수 있다고 생

평양국제공항 판매 부스에 전시되어 있는 휴대폰들. 2015년에 새롭게 단장해 문을 연 평양국제공항(구 순안공항)의 쇼핑몰에는 화장품 가게, 시계 가게 등이 입점해 있어 여러 상품을 팔고 있는데, 그중 눈에 띄는 것이 '아리랑 정보기술제품상점(ARIRANG IT shop)'이다. 이곳에서는 '아리랑'이라는 브랜드의 휴대폰을 판매하고 있다. 폴더폰, 스마트폰 등 다양한 버전의 휴대폰과 배터리, usb 등 부속품을 함께 판매한다.

각하지 못했다.

이것이 우리의 한계이다. 지난 10여 년간 우리는 북녘에 대해 알거나 접근할 방법이 거의 없었다. 그 사이에 북녘은 급속히 변했고 우리의 생활방식과 무척 가까워져 있다. 우리가 북녘에 대해 더 많이, 제대로 알아야 하는 이유이다.

김정은 체제 이후 지난 몇 년간 지속된 북의 핵개발과 이에 대응한 전 세계의 경제제재 국면에 비춰봤을 때 북의 경제상황은 형편없으리라는 것이 우리를 비롯한 세계의 지배적인 생각이었다. 그러나 이번에 내가 직접 확인한 평양의 변화상, 그중에서도 휴대폰의 일상화는 우리의 상식을 무너뜨리는 놀라운 변화이며, 북녘이 세계 경제 흐름과 동떨어져 있지만은 않다는 것을 잘 보여주는 사례이다.

"세계 최고 강대국이라는 미국을 비롯해서 유엔은 물론 심지어 중국까지 온갖 제재를 하고 있는데, 우리는 오래전부터 우리 스스로 살아가는 방법을 체득했습니다. 이것을 우리는 '자립경제', '자활경제'라고 합니다. 조금만 더 제재 압박을 하면 손들고 나올 것이라고 일본 등 여러 나라에서 말들을 하고 있는데, 그것은 우리를 몰라도 너무나 모르고 하는 소리입니다."

이번 평양 취재에서 만난 김철주사범대학교 정치사회학부 정기풍 교수(61세)는 비장한 표정으로 이렇게 말했다. 그리고 그는 남쪽 사람들이 자신들을 몰라도 너무나 모른다고 강조했다. 그렇다. 그들이 우리에 대해 아는 것에 비하면 우리는 북한의 현재 모습을 전혀 모르고 있다고 해도 틀린 말이 아닐 것이다.

이제 남과 북의 최고 지도자가 마음만 먹으면 판문점에서 수시로 만나는 좋은 시절이 되었지만 불과 얼마 전까지만 해도 우리가 북녘의 사정에 대해 알려고 하면 그 자체로 현행법 위반이 되었다. 수많은 일반 시민을 '종북', '빨갱이'로 낙인찍고 합법적으로 처벌해온 국가보안법 때문이다. 사실 지금 이 순간도 그 법에서 자유로운 것은 아니다. 그동안 북녘에 대해 알고 싶어도 알 수 있는 길이 없었고, 정확한 사정은 고사하고 사소한 정보도 얻을 방법이 없었다. 그런데 계속 이대로 북한 알기를 거부하고 외면한다면 그로 인한 손해는 고스란히 우리 자신과 우리 후대에게 넘어갈 것이다.

평양 시민들이 일상적으로 휴대폰을 사용하고 있는 모습을 내 눈으로 직접 확인하고 나니 정기풍 교수의 말이 결코 허언으로 느껴지지 않았다. 그리고 그들이 말하는 자립경제와 자활경제의 비밀이 궁금해졌다. 비록 아직 그 비밀을 제대로 알지 못하지만 나는 앞으로 계속 그 비밀을 확인해볼 것이다. 그리고 무엇보다 지구상에서 유일한 분단국가로 남아있는 대한민국과 조선민주주의인민공화국에 서로 갈라져서 살고 있는 8천여만 명의 시민들이 서로에 대해 알고자 노력하는 것이 현행법 위반이 되는 일은 반드시 없어져야 한다고 생각한다.

평양의 교통수단

"17년 만에 다시 찾은 북한에서 가장 많이 바뀐 모습이 무엇이었습니까?"

한 방송사와의 인터뷰에서 진행자가 내게 물었다. 나는 자동차가 많아졌고, 휴대폰을 일상적으로 사용하는 것이 가장 많이 바뀐 모습이라고 말했다.

2000년 제1차 남북정상회담 당시에는 평양 시내가 정말 한산했다. 국가의 중요 행사 중이라 차량을 통제하고, 행사장소로 이동하는 길은 특히 더 통제했을 수도 있지만, 어쨌든 평양 시내에 자동차가 많이 보이지 않았다. 그러나 17년 만에 다시 찾은 평양은 자동차로 넘쳐난다는 표현이 적절할 정도로 자동차가 많았다. "석유 한 방울, 나사못 하나 들어오지 못하는" 물 샐 틈 없는 제재 국면에 이렇게 자동차가 많이 보일 줄 몰랐다.

불과 얼마 전까지만 해도 우리는 북녘의 교통 상황에 대해 말할 때 전형적인 몇 가지 모습을 떠올리곤 했다. 대표적인 것이 차가 거의 다니지 않아서 텅 비어 있는 도로와 제복을 입은 여성 교통경찰관이 도로 한가

운데에 서서 양손에 깃발을 들고 수신호로 차량을 통제하는 모습이다. 절도 있고 화려한 동작으로 교통을 통제하는 여성 교통경찰관의 모습은 낯선 매력으로 시선을 끄는 힘이 있었다. 격세지감이 느껴진다.

우리와 비교할 수는 없지만, 평양 시내에는 출퇴근 시간에 꽤 많은 차량이 이동하고 있었다. 또 제복을 입은 여성 교통경찰관이 있기는 하지만 도로 한복판에서 교통을 통제하는 대신 한쪽 모퉁이에서 교통 상황을 주시하고 있었다. '교통안전'이라는 문구를 단 교통지도 차량이 곳곳에 서 있었고, 교통 위반을 단속하는 요원도 보였다. 그만큼 교통량이 늘어났다는 증거일 것이다. 평양 시내의 도로 신호체계는 우리와 동일하다. 오른쪽으로 진행하고 사거리에서는 좌회전 신호를 받아서 진행하는 방식이다.

평양의 대중교통 수단은 네 가지로, 지하철, 버스, 전차(궤도전차, 무궤도전차), 택시가 있다. 그중 우리와 다른 것이 전차이다. 전차는 노상에 전선으로 전기를 연결하여 전기를 동력삼아 이동하는 방식이다. 궤도전차는 3량짜리로, 일정한 레일(궤도)을 따라 운행한다. 무궤도전차는 2량짜리로, 레일 없이 자유롭게 운행한다. 무궤도전차의 수가 훨씬 더 많다.

우리에게도 잘 알려져 있는 평양의 지하철은 평양 시민들이 버스 다음으로 많이 이용하는 주요한 교통수단이다. 지하철은 김일성 주석 당시인 1970년대에 만들어졌는데, 핵무기 공격에도 파괴되지 않고 대피용으로 전환할 수 있도록 지하 $100 \sim 150m$ 정도에 건설되었다고 한다.

지하철을 타기 위해 개찰구를 통과하면 에스컬레이터가 나오고, 길고 긴 에스컬레이터를 타고 내려가면 긴 통로를 지나 플랫폼이 나온다. 나는 서울에서와 같은 방법으로 자연스럽게 지하철을 타볼 수 있었는데, 상당수의 평양 시민이 지하철을 이용하고 있었다. 열차를 이용하는 평양역과 지하철 부흥역은 걸어서 2~3분 거리 정도 떨어져 있다.

출퇴근 시간에는 지하철이든 버스든 만원이다. 서울의 출근길 지하철이 콩나물시루처럼 발 디딜 틈조차 없고 숨쉬기도 불편할 정도로 꽉 차듯이 평양의 출근길 버스나 지하철도 마찬가지이다. 지하철이나 버스 요금은 북한 돈으로 5원이다. 이 비용은 직장이나 학교에서 매달 무료로 배부해준다고 한다.

그 밖에 평양에서는 승합차를 많이 이용하는 것 같았다. 북녘의 최대 명절인 4·15 태양절 날 만수대언덕에서는 수십 대의 승합차가 참배객들을 실어 나르고 있었다. 참배객들은 대체로 인민복이나 양복을 입고 있었다. 짧은 스커트에 양장을 입은 여성도 많이 보여 놀라웠다.

또 북녘의 유명하고 큰 빌딩 앞에는 어김없이 단체 여행객을 실은 대형 관광버스가 줄지어 정차해 있었다. 프랑스, 이탈리아 등 유럽에서 온 관광객들이 눈에 띄었고, 이들은 북녘 어린이들과 함께 단체사진을 찍기도 했다. 최근에는 중국의 단체 관광객들로 항공편과 열차편 모두 자리가 없을 정도이다.

지하철 부흥역의 플랫폼 모습

택시는 일반 시민이
이용하는 것

평양 교통 상황의 변화 중에서 내가 가장 놀란 것은 택시의 수가 아주 많고 많은 사람들이 자유롭게 택시를 이용한다는 것이다. 평양 시내에만 6,000대 이상의 택시가 돌아다니고, 택시회사도 5~6개가 된다고 한다. 고려, 려명, KKG(금강그룹) 등의 택시회사가 있는데, 이는 각 단위조직별로 운영된다. 우리처럼 개인택시, 회사택시가 있는 것이 아니라 고려항공, 금강그룹합자회사같이 군, 정부 등이 기관별로 관리한다.

모든 택시회사 운전원들의 기본 월급은 같고, 수익이 발생하면 그 단위 조직 혹은 부서별로 운영비 등으로 쓴다고 한다. 요금을 지불하는 방식도 우리와 마찬가지로 거리에 따라서 금액이 달라진다.

많은 사람들이 북한에서는 특별한 사람들만 택시를 이용할 것이라고 생각한다. 경제적으로 여유롭지 못한 일반 시민들은 택시를 탈 경제 수준이 안 돼 외국인이나 고위 간부들만 택시를 탈 것이라고 생각하는 것이다. 실제로 평양의 택시에 관한 기사에 달린 댓글 중에는 이런 것이 있

평양대극장에서 열린 '제31차 4월의 봄 친선예술축전 재일조선총련합예술단공연'이
끝나고 사람들이 쏟아져 나오자 기다리고 있던 택시들이 손님을 태우고 있다.

다. 그대로 옮겨 적어본다.

"북한 사람들이 힘들게 노동을 해서 고작 몇 푼이나 받는다고 택시를 탈 수 있겠느냐? 저 택시는 외국인이나 특수한 신분의 당 간부들이나 타는 것이지, 뼈 빠지게 고생하는 일반 서민들은 구경도 할 수 없는 그림의 떡이다. 그리고 1%의 특권층만 사는 평양에서나 그나마 다니지, 지방 시골에서는 볼 수도 없는 것이다."

그러나 이것은 북쪽의 상황을 전혀 모르고 자기만의 생각으로 이야기하는 것이다. 외국인을 포함해 북한 주민이 아닌 외지에서 들어온 사람은 기본적으로 북녘의 대중교통을 이용할 수 없는 시스템이다.

북녘에서 외지인(또는 외국인)이 자유롭게 택시를 탈 수 없는 이유는 다음과 같다. 외지인이 북녘을 방문하면 반드시 안내원이 동행하게 되어 있다. 재외동포도 마찬가지이다. 단체 관광객은 대절한 버스를 이용하는데 이때도 안내원이 동행해서 이동한다. 나처럼 혼자 방문한 경우에는 자동차를 대절해서 다닌다. 물론 자동차에 안내원이 동행한다. 비용은 운전원을 포함하여 하루 25달러이다.

택시, 버스, 지하철 등의 대중교통을 이용해보고 싶으면 안내원에게 이야기하여 동행한 상태에서 이용할 수 있는데 이를 '참관'이라 한다.

나는 2018년 4월 취재 때 택시 참관을 했다.

"택시는 주로 누가 이용하나요?"

택시를 타고 가면서 평소 궁금했던 것들을 운전원에게 물었다.

"지하철이나 버스 정류장이 없는 뒷골목까지 가려고 하는 사람들이 주로 이용합니다."

허무할 정도로 당연한 답변이 돌아왔다. 우리가 버스나 지하철보다 비싼 비용을 치르고 택시를 타는 이유도 바로 그것이 아닌가? 여러 번 갈아타지 않고 목적지까지 빨리 갈 수 있는 편리함. 평양에서도 특수한 신분의 당 간부들만 택시를 이용하는 것이 아니라, 빠르고 편리하게 이동하려는 사람들이 택시를 이용하고 있었다. 특히 북녘에는 개인 소유의 자동차가 없으니 대중교통 중에서도 택시를 이용하려는 사람이 점점 더 늘어나고 있다고 한다.

내가 탄 택시의 운전원은 하루 평균 40~50명의 손님을 태우고, 요금은 $1km$에 49원(약 500원), 야간은 98원(약 1,000원)이라고 했다. 그는 손님을 태우는 것을 '봉사한다'고 표현했다.

1
옥류관 앞에서 손님을 기다리고 있는 택시.
이곳에는 언제나 10여 대 이상의 택시가
손님들을 기다리고 있다.

2
광복지구상업중심(전 광복백화점) 앞에 택시가
줄지어 서서 손님을 기다리고 있다.

평양 시민들 사이에 섞여서
취재할 수 있었던 이유

북녘을 취재해본 기자나 여행해본 분들은 알겠지만, 남쪽의 기자가 나처럼 자유롭게 북녘의 여러 곳을 다니며 취재하고 사진을 찍는 것은 쉬운 일이 아니다.

2018년 4월 1일 동평양대극장에서 남쪽 예술단의 공연 때, 남쪽 기자들은 무대 뒤의 분장실에서 텔레비전을 보면서 취재하는 기가 막힌 상황이 벌어졌다. 사실상 '갇혔다'고 봐야 한다. 몇 차례 공연시간이 조정되면서 예정에 없던 김정은 국무위원장 내외가 그날 공연을 관람했는데, 이 때문에 남쪽 취재단을 통제한 것이다. 나중에 알려진 사실이지만, 당시 미국 폼페이오 CIA 국장이 대통령 특사로 비밀리에 방북해서 급박하게 정세가 돌아가던 시점이었고, 김정은 위원장이 예정보다 공연 관람 일정을 앞당겨 그날 방문하게 되었다고 한다.

이에 대해 다음날 김영철 부위원장이 기자단 숙소인 고려호텔에 직접 방문해서 경호상의 문제로 착오가 있어서 순간적으로 벌어진 일이라며 남쪽 기자들에게 정중히 사과했다. 트럼프 미국 대통령이 북녘의 제2인

자라고 지칭한 김영철 부위원장이 다음날 직접 가서 사과하는 일이 생기더라도, '최고존엄'에게 만에 하나라도 일어날 불상사를 미연에 방지한 것이다. 즉 최고지도자가 참석하는 행사장에서 남쪽 기자들이 혹시라도 약속되지 않은 돌발행동이나 질문을 할 것을 우려에서 분장실로 '모아' 원천봉쇄했다고 나는 생각한다. 북녘에서 '최고존엄'에 대한 경외심은 남쪽 사람들의 상상을 초월하기 때문이다.

이처럼 북쪽의 언론 담당자들은 기본적으로 남한 기자들에게 이런저런 설명을 하지 않고, 한정된 곳만 보여주고 취재하는 것을 허용하고 있다. 미리 통제하여 접근 자체를 막거나 심지어 보도하기 전에 검열을 하기도 한다. 앞에서 이야기했듯이 남한 기자들을 신뢰하지 않는 것이다.

그런데 나는 이번 방북 취재에서 평양 사람들 사이를 자유롭게 오가며 섞여서 취재하고 촬영할 수 있었다. 사람들이 붐비는 곳에서는 서로 어깨가 스치기도 하고, 대화도 나누고, 미소를 주고받기도 했다. 이렇게 할 수 있었던 이유는 내가 그들의 요구를 이해하고 신의를 지켰기 때문이다. 이번 방북에서 북한 당국은 내게 세 가지만 지켜달라고 부탁했다.

첫째, 김일성 주석과 김정일 국방위원장의 동상이나 사진 등을 촬영할 경우 신체 일부가 잘리거나 방해물에 가려지는 일 없이 전체의 모습이 온전하게 나오도록 해달라는 것이다. 사회주의 국가에서는 상업적인 광고를 할 필요가 없다. 자본주의 사회에서 광고 설치물이 있을 만한 위치에는 거의 김일성 주석과 김정일 국방위원장의 조형물이 설치되어 있다.

차량으로 이동할 때 창밖을 찍지 못하게 하는 중요한 이유 중 하나가 스치듯 지나가는 풍경 속에 그 모습이 잘리거나 훼손된 상태로 담기게 될까 봐 제지하는 것이다. 또 이후에라도 혹시 이러한 장면이 언론에 노출되는 것을 우려해서 미리 살펴보면서 골라내는 것이다.

둘째, 건설노동자를 찍지 말라는 것이다. 북녘은 유치원 고학년부터 고급중학교(고등학교)까지 12년간 의무교육을 실시한다. 이 의무교육은 누구나 받아야 하고, 무상으로 받는다. 대학은 재능과 자질이 있다면 누구나 진학할 수 있다. 대학에 진학하지 못하면 전문대학(직업대학)에 가고, 그렇지 못하면 취업하게 된다. 물론 대학을 졸업하고 취업하기도 한다.

취업할 경우 국가에서 직업을 배정하는데, 모든 사람이 꺼리는 직업이 일명 '노가다', 즉 건설현장의 일용잡부이다. 건설현장에는 전문기술자만 필요한 것이 아니다. 벽돌이나 철근을 옮기는 사람, 목재를 운반하는 사람, 철거하거나 청소하는 인부도 반드시 필요하다. 그런데 누가 그런 허드렛일을 하고 싶겠는가? 그래서 사회주의 국가이지만 차마 건설현장의 일용잡부로는 배정하지 못한다는 것이다.

북녘에서는 일용잡부라는 직종이 아예 없다. 그래서 원천적으로 이 분야에 노동자를 배정할 수가 없다. 그러나 이런 일을 누군가는 반드시 해야 하고, 그래서 군인들이 그 일을 맡고 있다고 한다. 건설노동자를 찍지 못하게 하는 것은 바로 이 때문이다.

또 이런 시스템 때문에 남한에서 군사훈련을 시작하면 후방 건설현장

에서 노동하고 있던 군인들이 각 부대로 복귀해야 하기에, 그 기간엔 공사를 진행할 수 없어 차질이 생기게 된다고 한다. 남쪽에서는 방어적인 차원에서 군사연습을 한다고 하지만, 북쪽에서는 그 총구를 조금만 돌려도 기습을 당한다고 생각하기 때문에 비상이 걸릴 수밖에 없다고 한다. 사실 전쟁은 예고 없이 하는 것이 아니겠는가? 뿐만 아니라 후방 건설현장의 공사일정에도 차질이 생기기 때문에 한미 군사훈련을 그렇게 싫어하는 것이다.

셋째, 남루한 모습의 등이 굽고 나이 든 노인을 찍지 말라는 것이다. 이

는 앞서 안내원 김미향 씨가 그동안 남한 기자들의 취재 행태와 언론관에 대해 비판한 내용으로 짐작할 수 있을 것이다. 나는 이 세 가지 부탁을 들은 후 촬영에 임했다.

"진 기자께서는 북쪽에서 사진이나 동영상을 찍으면서 당국자에게 소위 검열이나 제지를 받지는 않았습니까?"

2018년 1월 4일, JTBC 뉴스룸 출연 당시 손석희 앵커가 내게 조심스럽게 물었다. 나는 검열이나 제지는 전혀 없었다고 답했다. 단언컨대 단 한 장의 사진이나, 단 1초의 동영상도 그들에게 보여주지 않았고 그들도 내게 보여달라고 요구하지 않았다. 나는 그들이 설명하는 뜻을 충분히 이해하고, 세 가지 약속 사항을 지켰기에 어떤 제지나 검열 없이 자유롭게 촬영할 수 있었다.

    이로써 나는 중요한 깨달음을 얻었다. 다름을 인정하고 받아들이는 것. 서로 약속을 지키는 것. 이 단순한 태도가 남과 북의 미래를 결정지을 것이다. 이 태도를 견지할 때만이 서로 가까워지고 더 많은 것을 이루어낼 수 있을 것이다.

___ 카메라 시선 ___

상업 간판의 등장
평양의 광고와 간판

　서울의 거리는 그 자체로 거대한 상업 광고판이라 할 만큼 수많은 광고 간판들로 넘쳐난다. 어지럽고 휘황찬란한 우리의 간판에 비하면 평양의 간판들은 무척 단순하다. 사회주의 체제에서는 국가에서 계획한 대로 상품을 만들어서 배급하기 때문에 상품 광고가 필요 없기 때문이다. 그래서 대개 물품이나 용도만 적은 간판들이 걸려 있다.

　예를 들어 '신양 식료품 상점', '약국', '평양 비단 상점', '꽃빵', '조선옷점', '옥류교 식당', '관광 기념품 상점', '대동문 미용원', '청량음료', '솜사탕'처럼 가게 성격을 알리는 글자만 붙여놓은 식이다.

　그런데 얼마 전부터 평양에도 상업용 광고 간판이 등장했다. 상품을 홍보하는 대형 입간판이 설치되기 시작한 것이다. 대표적인 것이 북한의 국내산 자동차인 평화자동차 광고이다. 이런 광고 간판은 이전에는 전혀 볼 수 없던 것이다. 앞으로 평양의 간판이 어떻게 변화할지 궁금하다.

평화자동차가 대동강 둔치에 설치한
'창전1703' 입간판과 평양역 앞의
'삼천리0713' 입간판.
평양 시내에서 몇 개 안 되는
상업 광고판들이다.

1
개선청년공원 안의 '튀기만두' 음식점.
'튀김'의 북쪽 표기가 '튀기'이다.
남과 북에서 명칭이 다른 대표적인 예가
오징어와 낙지이다. 남쪽의 오징어를
북에서는 낙지라고 부르고,
낙지를 오징어라고 부른다.
2018년 2월 특사로 내려온
김여정 부부장과 임종석 비서실장이
오찬자리에서 대화를 나누다가
오징어와 낙지의 이름이 다른 것이
화제가 되었다.

2
개선청년공원 앞 청량음료 판매대.
봉사원들의 눈빛이 예사롭지 않다.
남조선 기자가 무엇을 어떻게 왜곡할지
걱정하는 눈빛이다.

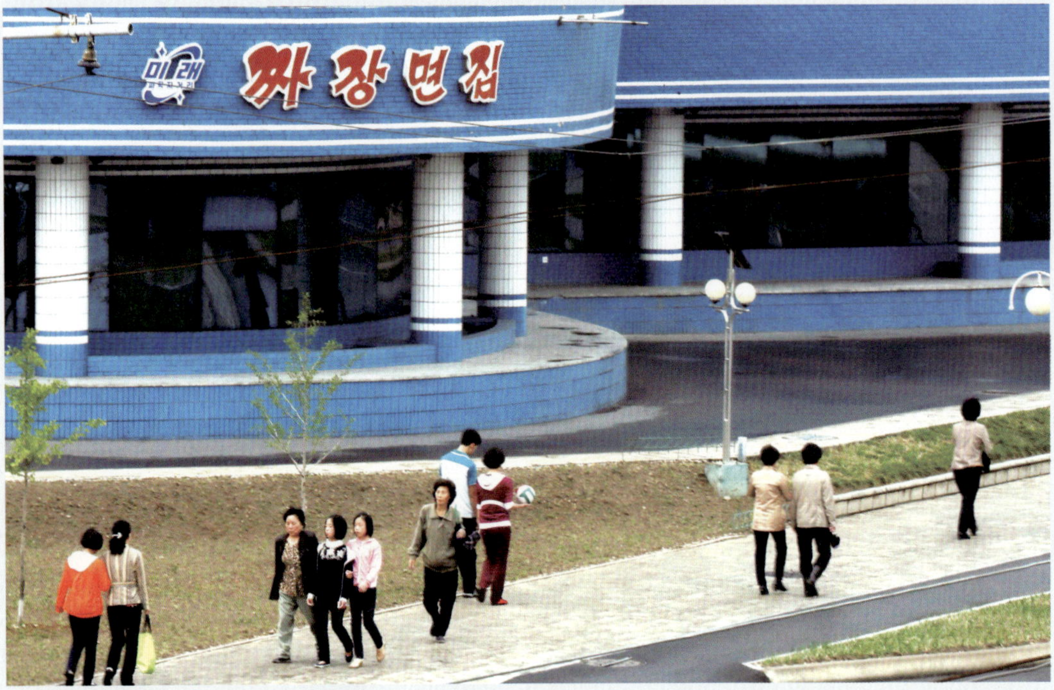
미래
짜장면집

중구역
탁아소 유치원
물자공급소
어린이용품
상점

택시

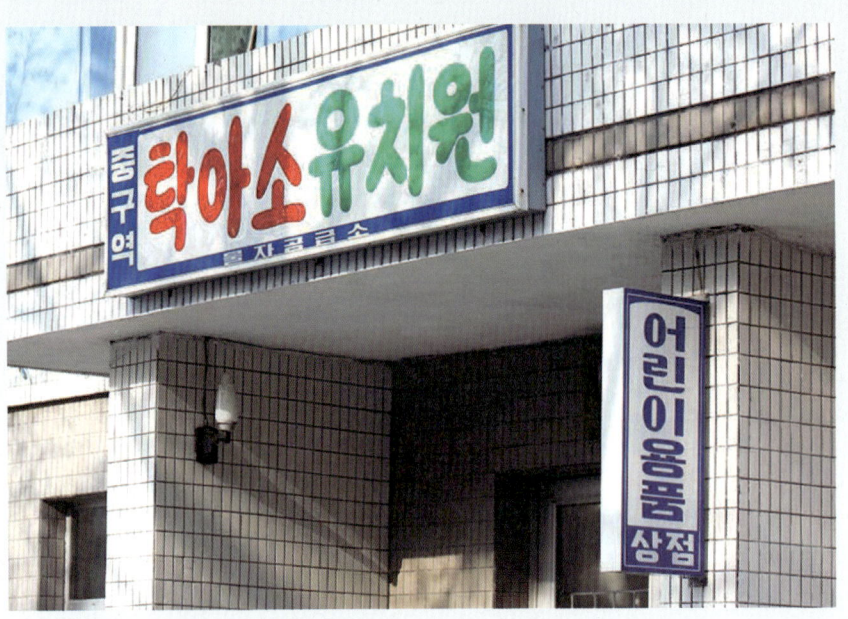

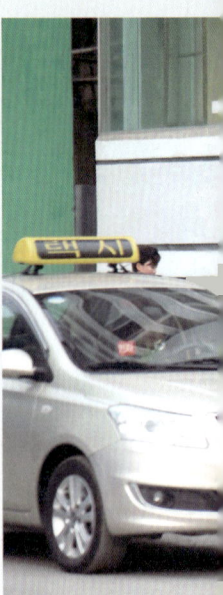

1
미래과학자거리에 있는 아파트(살림집) 1층의 미래 짜장면집. 북녘에서도 짜장면은 아이들은 물론 어른들도 좋아하는 음식이다.

2
평양 시내 대동강변 도로에 대동강맥주 차량이 달리고 있다. 평양 시민들에게 대동강맥주는 큰 자랑거리이다.

1
'미안'은 얼굴을 가꾸는 곳이다.

5부

입맛과 먹방의 세계는
남북이 따로 없다

냉면에서 피자까지

평양냉면의
비밀을 찾아서

거의 평생 기자로 활동하며 그 습성이 몸에 밴 나는 궁금한 것이 있으면 참지 못하고 반드시 그 자리에서 물어서 확인하고, 기삿거리라고 생각하면 사소한 것이라도 놓치지 않으려고 애쓴다. 그래서 평양에서도 만나는 사람들에게 궁금한 것을 묻고, 확인하고, 보여달라고 하기 일쑤였다.

한편, 사람의 본능 중 하나는 숨기려 하는 것이다. 자신이 부족하다고 생각하거나 비교당하고 있다고 느낄 때는 누구나 숨기고 감추려고 하기 마련이다. 그래서 나는 북녘에서 만나는 사람들이 나에게 의도적으로 숨기려 하는 것이 없는지 늘 경계했다. 그리고 그들의 '진짜 삶', 먹고, 입고, 자고, 가족과 함께 생활하는 일상의 모습을 내 눈으로 직접 확인하려고 노력했다.

먹거리도 주요 관심사 중 하나였다. 아무리 감추려 해도 삶의 질과 수준이 드러날 수밖에 없는 것이 바로 먹거리이다. 사실 내가 17년 만에 평양을 다시 방문하게 되었을 때 이곳 사람들이 제대로 먹고 살아가고 있는지 걱정이 앞섰다. 혈맹이라는 표현을 쓰던 중국까지 북한 제재에 참여하는 최악의 상황으로 치닫고 있었던 만큼 혹시 옥류관에 손님이 끊겨서 장사하기도 힘든 것이 아닐까 하는 걱정마저 할 정도였다.

그런데 2017년 10월, 평양으로 향하는 열차에서 판매하는 도시락을 보고 북녘의 먹거리 상황이 생각만큼 나쁘지 않을 것이라는 느낌을 받았다. 평양행 열차 안에서 파는 도시락은 우리나라의 어느 도시락과 비교해도 뒤지지 않을 만큼 알차고 풍성했다.

우리나라에서는 언젠가부터 먹는 방송, 일명 '먹방'이 대세로 자리 잡아가고 있다. 우리 사회의 풍요가 절대적인 기준을 뛰어넘어 음식과 맛을 여러 가지 방식으로 평가하고 즐기는 단계에 이른 것이다. 다른 한편으로는 학생이나 젊은 층을 중심으로 삼각김밥이나 컵밥처럼 값싸고 간편한 음식으로 한 끼를 '때우는' 식의 음식문화도 점점 확산되고 있다.

그럼, 평양 사람들은 어떤 음식을 좋아하고 평양에서 유행하는 요리는 무엇일까?

올해까지 이어진 취재에서 평양 시민들의 먹거리 문화도 점점 다양해지고 있다는 것을 확인할 수 있었다. 평양 시민들은 옥류관의 냉면과 '이딸리아료리전문식당'의 피자와 스파게티를 동시에 즐기고 있었다. 평양에서 유명한 식당은 옥류관, 청류관, 해맞이식당, 종합봉사선 무지개 호, 류경관 등이다. 이 중에서 우리에게 가장 잘 알려진 곳은 옥류관이다.

많은 사람들이 궁금해하는 옥류관의 평양냉면은 내가 17년 전에 먹었던 것과 비교하면 맛과 면의 색이 약간 달라졌지만, 여전히 맛있었다.

2018년 4·27 정상회담 때 김정은 국무위원장이 평양에서 판문점으로 제면기까지 가지고 와서 문재인 대통령에게 옥류관 냉면을 대접해 화제가 되었다. "멀다고 하면 안 되갔구나" 하는 유행어를 만들어내기도 한 평양냉면이다.

2018년 4월 남한예술단으로 평양공연에 참여한 가수들의 옥류관 냉면 시식 후기가 큰 인기를 끌었고, 어떤 음식 전문가는 평양냉면으로만 책 한 권을 쓸 정도로 평양냉면은 관심의 대상이다.

평양냉면의 맛에 대해서는 의견이 분분하다. '밍밍하다', '심심하다'라고 표현하는 사람도 있고, 중독성 있는 담백한 맛에 반해 최고의 음식으로 꼽는 사람도 있다.

"남쪽 분들은 평양냉면을 두고 담백하다고 표현하는데 담백하다는 말이 무슨 소리입니까?"

안내원 김미향 씨가 내게 물었다. 이 질문을 받고 북녘 사람들은 담백하다는 표현을 사용하지 않는다는 것을 알게 되었다.

사실 나도 평양냉면을 처음 먹었을 때는 도대체 무슨 맛이라고 해야 할지 표현하기가 어려웠다. 어떤 한 가지 맛이 두드러지지 않고 은은하게 섞여 있다는 느낌을 받았는데, 딱 꼬집어 표현하기가 어려워서 담백하다는 두루뭉술한 표현 정도만 떠올렸던 것 같다. 닭고기로 육수를 내는 옥류관 냉면은 먹으면 먹을수록 재료 본연의 맛이라는 느낌이 든다.

옥류관 쟁반냉면

여전히 딱 꼬집어 표현하지는 못하지만 그 은은한 맛이 중독성이 있는 것만큼은 분명하다. 지금은 평양에 갈 때마다 꼭 몇 번씩 옥류관을 찾아 냉면을 먹곤 한다.

    그런데 맛에 대한 평가는 상대적인 것으로, 옥류관 냉면은 우리나라의 유명 냉면집에서 파는 평양냉면에 비하면 오히려 맛이 강한 편이다. 취향에 따라 양념장을 곁들여 먹는 식으로 자유롭게 즐길 수 있다. 나로서는 '직접 먹어 봐야 그 맛을 알 수 있다'고밖에 표현할 길이 없어서 아쉽다. 서울에 있는 많은 사람들이 옥류관 냉면을 직접 맛보고 어떤 맛인지 적절한 단어를 찾아내주면 좋겠다.

선주후면(先酒後麵)의
옥류관 냉면

●
○

　　　　　　　　　　대동강변에 지어진 옥류관은 연초록 기와를 얹은 '고고한 조선식(북한식)' 건물로, 정면에서 보면 좌우 길이가 옛 서울역 청사보다 훨씬 더 길고 웅장하다. 옥류관 옆으로 대동강이 고요히 흐르고, 위로부터 능라도와 동평양의 많은 건물들이 보인다.

　옥류관 앞에는 수많은 차가 주차되어 있고 손님을 기다리는 택시가 언제나 10여 대 이상 늘어서 있다. 1층 실내에는 많은 사람들이 원형 테이블에서 식사하고 있었는데, 대개 가족이나 동료들과 함께였다. 현지인들은 미리 발급받은 식권을 내고 입장하는데, 식권은 직장 단위, 지역 단위로 정해진 수량만큼 지급된다고 한다.

　옥류관은 건물이 길고 넓은 것이 특징인데, 각 룸(또는 연회장)마다 내는 요리가 다르다. 예를 들어 1층 가장 넓은 홀에서는 평양냉면을 먹고, 2층의 한 룸에서는 고기쟁반국수, 또 다른 룸에서는 자라탕 등 탕류를 먹고, 3층에서는 소불고기를 구워서 먹는 식이다.

옥류관의 평양냉면은 대체로 하루에 1만 기(器)를 봉사한다고 한다(옥류관뿐만 아니라 북녘의 모든 음식점에서는 돈이 아니라 표를 받고 음식과 술을 내어 주므로 '봉사한다'고 표현한다). 1인분 기본은 200g짜리 한 그릇인데, 보통 한 사람이 두 그릇 정도 먹기 때문에 하루에 5,000명 분을 봉사한다고 지배인 명예화(40세) 씨가 설명한다. 그녀는 "손님들이 웃고 맛있게 잡수는 모습이 좋다. 휴식 날, 설비점검 날을 제외하고 중단 없이 매일 5,000명에 봉사한다"고 말한다. 믿어지지 않지만 하루에 1만 그릇이 나간다는 것이다.

옥류관에서는 냉면뿐 아니라 다른 요리들도 판매하고 있다. 평양의 4대 음식은 평양냉면, 평양온반, 대동강숭어국(탕), 녹두지짐이라고 한다. 옥류관과 청류관 등의 큰 음식점에서는 이런 메뉴들을 모두 기본으로 내놓는다. 자라탕, 철갑상어요리, 소불고기, 오리불고기도 옥류관과 청류관의 대표 음식이다.

평양냉면의 종류에는 고기쟁반국수, 쟁반냉면, 냉면(회냉면 포함)이 있다고 한다. 평양냉면의 특징에 대해 명예화 씨는 다음과 같이 설명한다.

첫째, 순수메밀로 만든다. 그래서 예부터 평양순면이라 불러왔으나 지금은 평양냉면이라 한다. 메밀은 맛이 좋을 뿐만 아니라 건강에도 좋아 장수식품으로 알려져 있다.

둘째, 시원한 느낌의 놋그릇에 담아서 낸다. 평양냉면은 반드시 놋그릇, 놋젓가락, 놋잔과 함께 낸다고 한다.

셋째, 시원하고 '쩡한' 육수가 특징이다. '쩡하다'는 말은 차갑다, 시원하다는 뜻이다.

넷째, 예전에는 꿩으로 육수를 만들었으나 지금은 닭으로 육수를 만든다. 육수를 어떻게 만드느냐에 따라 냉면 맛이 달라지는데, 그것은 비밀이라고 한다.

다섯째, '꾸미'가 특징이다. 담담하고 쫄깃한 국수사리, 고명, 고기, 재료들을 부드럽게 감싸는 육수, 시원한 느낌의 놋그릇이 조화를 이루는 것을 '꾸미'라고 하는데, 이것이 평양냉면만의 고유한 맛을 낸다고 한다.

국수사리는 옥류관이든 청류관이든 비슷한데 면발이 약간 질기고 윤기가 흐르는 검은색이어야 좋다고 조선료리협회의 김영일(67세) 연구사는 말한다.

옥류관만의 대표 음식 중에 고기쟁반국수가 있다. 고기쟁반국수는 본관 연회장에서 먹을 수 있는데, 어복쟁반국수를 응용한 요리이다. 어복쟁반국수는 소의 어복(뱃살)으로 만드는데, 지금은 닭고기를 사용하기 때문에 고기쟁반국수라고 한다. 주민들이 예전 왕궁에서 먹던 것처럼 고기를 푸짐하게 먹을 수 있도록 특별히 만들어낸 요리라고 한다.

고기쟁반국수는 삶아서 손으로 먹기 좋게 찢은 닭고기를 놋쟁반 바닥 전체에 깔고, 계란과 실고추 등 고명을 올린 뒤, 양념장, 냉면 사리 두 덩이와 함께 낸다. 닭고기만 먼저 양념에 비벼서 먹기도 하고, 닭고기에 냉면 사리를 넣고 육수를 부은 뒤 식초 등을 더해 물냉면처럼 먹을 수도 있

옥류관 고기쟁반국수를 먹는 사람들.
닭고기만 먼저 양념에 비벼 먹기도 하고, 닭고기와 냉면을 함께 비벼 먹기도 한다.
각 고기쟁반국수 앞에 놓인 밥그릇처럼 생긴 놋그릇에 술이 담겨 있다.
가운데 서 있는 사람은 옥류관의 총책임자 명예화 씨이다.
옥류관, 청류관, 해맞이식당, 별무리차집 등
유명 식당의 총책임자나 지배인은 대부분 여성이다.

다. 옥류관에서 만난 어화숙(57세) 씨는 "옥류관에 오면 고기쟁반국수가 맛있어서 고기쟁반국수만 먹는다"고 말한다.

고기쟁반국수를 시키면 '평양주'라는 술 한 잔이 함께 나온다. 양은 우리 식으로 소주 세 잔 정도이다. 술을 먼저 한 모금 마시고 국수를 즐기는데, 이를 선주후면(先酒後麵)이라고 한다. 즐겁게 한잔하면서 먹어야 국수가 맛있다고 한다. 점심식사에 누구에게나 술(소주)을 먼저 마시도록 내놓다니 놀라웠다. 물론 술은 원하지 않으면 마시지 않아도 된다. 냉면 사리는 원하면 추가로 가져다준다.

1
2

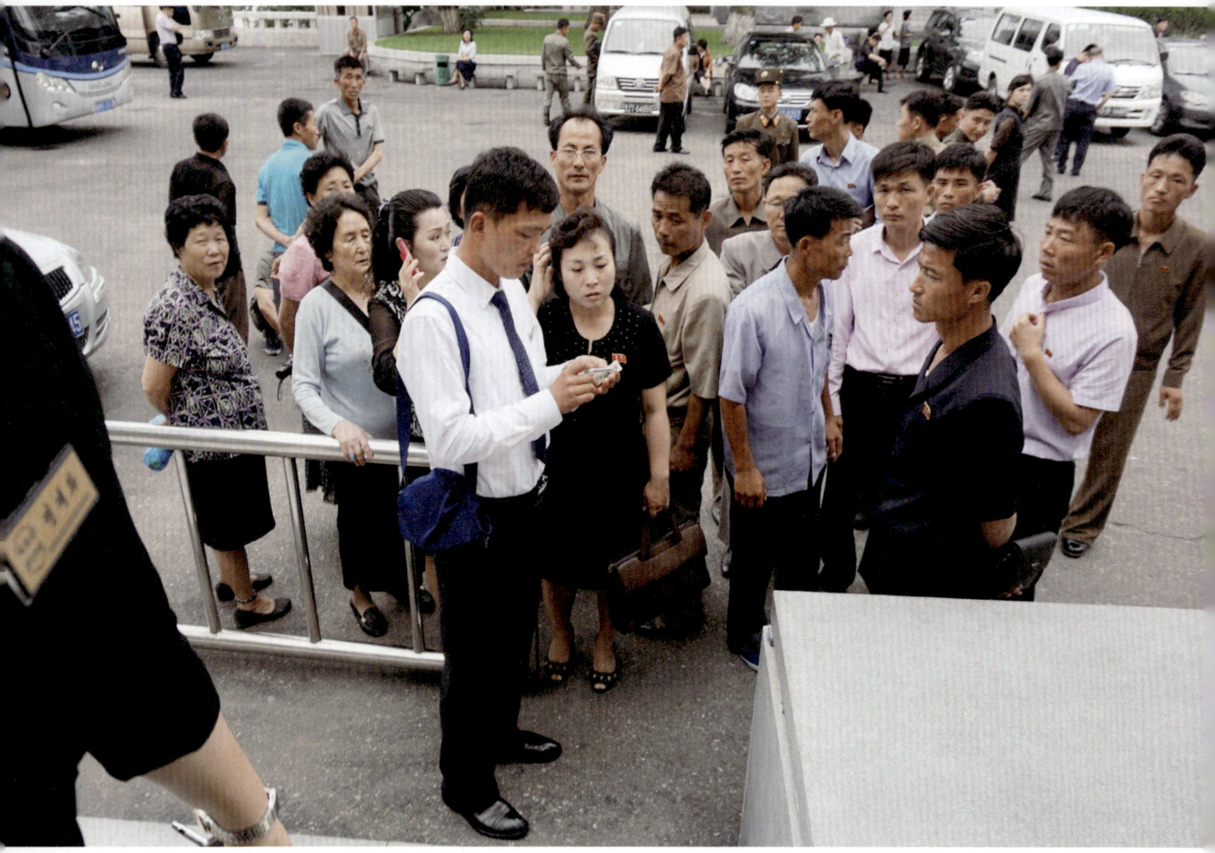

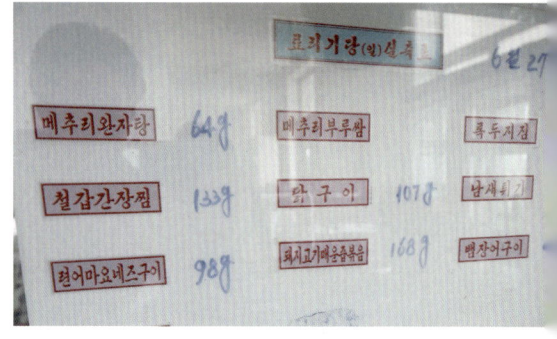

1
옥류관에 입장하려고 기다리고 있는 사람들

2
옥류관 주요 요리의 정량표. '료리기당'은 '요리 한 그릇 당'이라는 뜻이다.

일일(一日) 일만기(一萬器)
옥류관 주방 최초 공개

●
○

일일(一日) 일만기(一萬器)를 만들면서도 역사상 단 한 번도 외부인의 출입을 허락하지 않은 옥류관 주방. 2018년 6월 취재 때 모든 사람들이 궁금해하는 옥류관 주방을 취재할 수 있었다. 북측에서 옥류관 주방을 남쪽 사람에게 공개한 것은 이번이 최초이다. 물론 북측 인사들에게도 거의 공개하지 않는다고 한다.

주방을 공개하지 않는 이유는 첫째, 인민의 위생 때문이다. 그 무엇보다 위생이 우선이라고 설명한다. 그래서 주방의 통로와 홀로 음식을 나르는 통로가 분리되어 있고, 유리창과 난간이 설치되어 있어 주방의 통로에 접근하더라도 밖에서 주방의 일하는 모습을 볼 수는 있지만 안으로 직접 들어갈 수는 없다. 둘째, 육수의 비밀을 지키기 위해서라고 한다.

나는 신발을 갈아 신고, 위생복을 착용하고, 마스크를 끼고, 모자까지 갖춘 뒤 주방 통로까지 들어갈 수 있었다. 즉 주방에서 음식을 내놓는 곳까지만 볼 수 있었고, 그곳에서 유리창을 통해 주방 내부를 관찰하고 촬영했다. 당연하겠지만 육수를 만드는 과정은 볼 수 없었다.

1
옥류관 주방에서 삶은 냉면 면을 씻어 그릇에 담는 모습

2,3
고명으로 올릴 절인 무, 얇게 썬 오이, 닭고기,
소고기와 계란 등이 보인다.
쟁반냉면은 쟁반 모양의 그릇에 면과 고명, 육수가 담겨 나오고,
일반 냉면은 우리가 보통 먹는 냉면 모양과 비슷하다.

청류관,
평양 4대 음식을 요리한다

●
○

청류관은 평양의 4대 음식인 평양냉면, 평양온반, 대동강숭어국(탕), 녹두지짐이를 메인 메뉴로 내고 소불고기와 오리불고기 등 숯불구이도 최고라고 인정받는 평양의 대표 식당이다.

대동강숭어국(탕)은 서해에서 잡은 숭어보다 대동강에서 잡은 숭어를 사용하는데, 적절한 비린 맛과 진맛(진미)의 국물이 어우러진 최고의 맛이라고 김영일 연구사는 평가했다. 북녘에서는 지방에서 평양에 다녀왔다고 하면, "대동강숭어국 먹었냐?"라고 먼저 묻고, "숭어국을 못 먹었다"고 하면 "너, 평양에 안 갔다 왔구나"라고 할 정도로 대동강숭어국은 유명한 평양 음식이라고 한다.

또 녹두지짐이는 콩류이기 때문에 '부근부근' 해야 맛있다고 한다. 부근부근하다는 말은 팬케이크처럼 폭신해야 한다는 뜻이다.

청류관은 정면에서 보면 좌우 길이가 약 100m 정도이고 3층으로 된 거대한 식당이다. 내장재 중 벽재는 대리석, 바닥재는 화강석과 대리석이 혼재되어 있어 전체적으로 고급스러운 분위기이다. 중앙에 넓은 홀이 있고, 개별 또는 단체손님을 위한 룸도 다양하게 마련되어 있다. 이곳도 옥류관처럼 음식 종류별로 먹는 룸이 다르다. 소불고기나 오리고기 등 굽는 고기를 먹는 곳과 냉면을 먹는 곳이 구별되어 있다.

3층의 불고기를 먹는 룸에는 발 디딜 틈 없이 사람들이 꽉 차 있었고, 대기하며 기다리는 사람도 많았다. 고기를 숯불에 구워서 채소, 맥주와 음료 등과 함께 먹는데, 서울의 고급 식당에 와 있는 듯했다. 2층에서는 숭어국 등 탕류를 먹는데 많은 손님들이 맥주를 곁들여 먹고 있었다. 1층에서는 냉면을 먹을 수 있다.

청류관의 소불고기는 얇게 저민 등심과 안심을 간장, 과일즙, 참기름, 파, 마늘을 섞은 양념장에 일정 시간 재우는 것이 비법이라고 한다. 양념장에는 마늘이 많이 들어가고 꼭 숯불로 구워야 한단다. 언뜻 보기에 소갈비를 얇게 저며서 양념에 재운 광양불고기와 비슷해 보였다. 김영일 연구사는 "청류관뿐 아니라 평양 불고기집은 사람들이 그냥 지나가지 못한다. 고기 굽는 냄새부터 너무 맛있어서……"라며 강한 자부심을 보였다.

또 다른 특색 있는 음식으로 '쉬움떡'이 있다. 흰쌀 가루를 쪄서 만드는 떡으로 우리의 증편과 비슷하며 고유한 신맛, 단맛이 조화를 이룬다. 이 떡은 옥류관에서도 나온다.

청류관에서는 직접 주방 안에 들어가서 취재할 수 있었다. 이곳 역시 외지인이 주방에 들어온 것은 최초라고 한다. 옥류관만큼이나 위생을 철저하게 관리하기 때문에 가운으로 갈아입고 나서 들어갈 수 있었다. 주방은 만드는 음식별로 구분되어 있었고, 깨끗하게 관리되어 마치 청정지역에 들어선 것 같은 기분 좋은 느낌이었다. 다들 음식을 만드는 데 집중하며 분주히 움직이고 있었다. 소불고기를 만드는 주방에서는 하루 종일 고기를 부드럽게 다지는 소리가 울렸고, 냉면을 만드는 주방에서는 제면기에서 끊임없이 쏟아지는 면발을 삶아 찬물에 씻어내고 있었다. 이렇게 만들어진 음식을 봉사원들이 각층의 홀로 바삐 날랐다.

하루에 워낙 많은 양을 만들다 보니 주방과 홀 모두 역할분담이 철저했고, 마치 공격과 수비가 조화를 이뤄 제 역할을 해내는 축구팀처럼, 한 팀으로 움직이는 모습이 인상적이었다.

계란이 올려진 것이 주문한 1인분 기본 냉면이고,
계란이 없는 것은 추가한 냉면(곱빼기)이다.
냉면은 200g 한 그릇이 기본이고,
추가 냉면은 100g짜리로 얼마든지 추가할 수 있으며
계란만 없을 뿐 기본 냉면과 동일하다.
양념장이 함께 나와 취향에 따라
양념을 가미해 먹을 수 있다.

온몸이 따뜻해지는 깊은 맛
평양온반

●
○

평양 음식 중에 냉면만큼이나 유명한 것이 온반이다. 2018년 3월 우리나라 특사가 평양을 방문했을 때 온반이 만찬음식으로 나오기도 했다.

온반은 밥에 닭이나 꿩, 소고기를 고아 우려낸 육수를 부어 먹는 국밥의 일종으로, 평양 사람들은 그중에서 닭고기 온반을 즐긴다. 닭육수에 고명으로 닭고기, 녹두전, 야채 등 갖가지 재료를 얹어 양념장, 나박김치와 함께 먹는다.

려명거리의 온반집은 최근 생긴 평양의 '맛집'으로, 주방에서 그릇에 밥을 담고 갖은 고명과 양념장까지 올려서 손님상에 내가면 식탁에서 봉사원이 직접 육수를 부어준다.

평양온반에 관해서는 재미있는 이야기가 전해진다. 먼 옛날 서로 사랑하는 남녀가 있었다. 이들은 일찍 부모를 여의고 허드렛일하며 어렵게 살았지만 누구보다 서로를 사랑했다. 그런데 어느 추운 겨울날 남자가 억울한 누명을 쓰고 옥에 갇히게 된다. 사랑하는 사람을 옥에 보낸 여자는 하루하루 눈물로 지내는데, 그 모습을 안타깝게 여긴 마을 사람이 쌀밥과 녹두전 같은 잔치음식을 모아 여자에게 주었고, 여자는 그것에 끓은 국물을 부어 남자에게 가져다주었다. 추운 감옥에서 배고픔에 굶주려 있던 남자는 그 음식을 먹고 온몸이 따뜻해졌다며, 이렇게 맛있는 음식의 이름이 무엇이냐고 물었다. 여자는 따듯한 밥이란 뜻으로 '온반'이라고 대답했다. 그 후 누명을 벗어 옥에서 나온 남자는 여자와 함께 잔치를 벌이고 이웃들에게 온반을 만들어 대접했다. 그때부터 평양 사람들은 잔치를 할 때면 그 남녀처럼 착한 마음과 신의를 지니고 화목하게 살라는 뜻에서 온반을 만들어 먹곤 했다고 한다.

평양온반은 주방에서 밥을 그릇에 담고
닭고기를 얹은 다음
양념, 녹두지짐이, 고명을 얹어서 테이블로 내간 뒤
손님 앞에서 뜨거운 육수를 부어준다.

대동강맥주,
황금색의 비밀을 풀다

대동강맥주 공장은 180년 동안 에일 맥주를 생산해온 영국 월트셔 주 트로브리지의 어셔 양조장을 '한 조각씩 해체'한 뒤 옮겨 와서 재조립한 것이다. 2000년, 김정일 국방위원장이 경매에 나온 이 양조장을 당시 가격 150만 파운드에 구입해 2002년부터 대동강맥주를 생산했다.

유서 깊은 에일 맥주 공장을 들여왔으나 독일의 맥주 공법을 사용해 영국 필스너 맥주 식의 라거 맥주를 주종으로 생산하고 있다. 에일과 라거 기술이 조합되어 180년 역사에 걸맞은 맛을 내고 있다.

뉴욕타임스가 "약간 단맛이 들고 뒷맛은 쌉쌀한 맛을 지닌 풀 바디 라거"이고 "상부에 깨끗하고 하얀 거품이 있는 황금빛 오렌지 색"(2008년 3월 10일)이라고 평했고, 이코노미스트는 "남한의 맥주는 지루하다. 영국에서 수입한 시설로 만든 대동강맥주는 놀라운 맛이다"(2012년 11월 24일)라고 평한 바 있다.

대동강맥주는 2016년 8월 평양에서 맥주 축제를 열어 시민들에게 호

평을 받았다. 당연하게 모든 재료를 북한산으로 사용하는데 양강도, 자강도와 평안북도에서 생산한 보리와 홉을 사용하고, 쌀을 섞는다는 점이 색다르다. 맥주의 종류가 다양한데, 원액스, 보리와 쌀의 함량, 알코올 도수에 따라 각 번호로 구분한다. 보통 1번부터 7번까지 있고, 8번은 보리맥주가 아니라 호가든처럼 백맥주(밀맥주)이다. 평양 시민에게 가장 인기 있는 맥주는 2번이다. 무겁지 않으면서 상쾌하게 느껴지는 입맛, 적절한 향, 씁쌀한 맛이 꽤 좋다고 한다.

각 번호별 혼합비율과 알코올 도수는 아래와 같다.

1번은 보리 100% 맥주이다.

2번은 원액스 11%, 보리 70%, 흰쌀 30%로 주조한다(알코올 5.5%).

3번은 원액스 11%, 보리 50%, 흰쌀 50%로 주조한다(알코올 5.5%).

4번은 원액스 10%, 보리 30%, 흰쌀 70%로 주조한다(알코올 4.5%).

5번은 원액스 10%, 흰쌀 100%로 주조한다(알코올 4.5%).

6번은 흑맥주로 보리 80%, 흰쌀 20%로 주조한다(알코올 15%).

7번은 6번과 마찬가지로 흑맥주이고 보리 80%, 흰쌀 20%로 주조하는데 알코올 도수가 다르다(알코올 10%).

경흥맥주집은 약 300평 정도 되는 넓은 맥주가게인데, 의자는 없고 탁자에 서서 마시는 스탠딩 바 형태이다. 이 맥주집에서는 생맥주를 판매하는데 내가 방문한 2018년 6월 저녁 무렵에는 수백 명이 동시에 맥주를 마시고 있었다. 맥주를 따르는 봉사원이 쉴 틈 없이 계속 맥주를 채우고 있었고, 안주는 낙화생(땅콩), 소시지, 낙지(우리식으로 오징어) 등을 판매하고 있었다. 봉사원에 따르면 매일 이 정도의 인원수를 봉사한다고 한다.

대동강맥주 생맥주.
오른쪽부터 1번, 왼쪽 맨 끝이 7번 맥주이다.

경흥맥주집에서 대동강맥주를 마시는 평양 시민들.
넓은 홀에 탁자만 설치되어 있는 스탠딩 홀이다.

이딸리아료리전문식당부터
별무리차집까지

●
○

특이한 것은 평양에서도 피자와 스파게티 같은 이탈리아 요리가 인기 메뉴 중 하나라는 것이다. 호텔에서 외국인을 대상으로 파는 메뉴가 아니라, 일반 시민들이 이탈리아 요리를 흔하게 즐기고 있었다. 내가 생각하고 내 눈으로 보기에 특이하다는 것이지 평양 시민들은 이미 서양식 음식과 생활을 나름대로 즐기고 있었던 것이다.

만경대구역 축전동에 위치한 '이딸리아료리전문식당'은 2008년 평양에 처음 생긴 이탈리아 요리 전문점으로 벌서 10년이나 된 대표 식당이다. 내가 방문했을 당시에는 300여 평이나 되는 큰 공간에 빈자리가 없을 정도로 많은 사람들이 피자와 스파게티를 먹고 있었다.

지배인의 설명에 따르면, 이곳을 자주 찾는 사람들은 1주에 두 번 정도 온다고 한다. 이 식당의 주방장과 요리사들은 피자와 스파게티 등 이탈리아 요리를 배우고 현지의 맛을 내기 위해 이탈리아에 유학을 다녀왔다고 한다. 이 식당의 2층에는 이탈리아 특산품 판매장도 있는데, 이곳을 찾는 손님들의 신분에는 아무런 제약이 없었다.

1
이딸리아료리전문식당. 평양 시민들이 피자, 스파게티 등을 코코아향탄산단물(콜라)와 함께 즐기고 있다.

2
이딸리아료리전문식당의 종합피자. 삶은 계란을 토핑으로 올린 것이 색다른 모습이다.
화덕에서 직접 구워서 맛이 아주 좋았다.

별무리 차집의 봉사원.

2018년 6월에 취재한 '별무리 차집'도 피자, 스파게티 등 이탈리아 요리와 티, 커피 등의 음료를 판매하는 인기 식당이다. 이곳에서는 전화로 피자를 주문받은 뒤 포장해 판매하기도 한다. 평양 시내에 이런 피자집이 6개 정도 된다고 한다.

재료 본연의 맛을 찾다

나는 평양과 원산을 오가는 취재 일정 동안 여러 음식점에서 다양한 메뉴를 맛볼 기회가 있었다. 또, 결혼식에 참석해서 북녘 사람들이 특별한 날 먹는 잔치음식도 맛볼 수 있었다. 북녘의 음식은 화려하지 않지만 재료 본연의 맛을 느낄 수 있다는 특징이 있다.

"북한을 방문하면서 어떠한 것이 가장 좋았습니까?"

한 방송사와의 인터뷰 중에 진행자가 내게 물었다. 나는 두 가지를 꼽았다. 첫째는 말이 통해서 좋았고, 두 번째는 음식이 입에 맞아서 좋았다고 주저 없이 대답했다.

'말이 통한다'는 말이 다소 엉뚱하게 들릴 수도 있지만, 10여 년간 외국에서 이민생활을 한 나로서는 언어와 문화가 다른 나라에서 살아가는 것이 결코 간단치 않다는 것을 온몸으로 체감해왔기에 말이 통하는 것이 얼마나 중요한지 절실하게 느껴졌다.

4·27 정상회담에서 문재인 대통령과 김정은 국무위원장도 서로 말이 통하는 것이 가장 좋았을 것이라고 생각한다. 정상회담을 하면 보통 통

역을 통해서 대화하기 때문에 대화의 맥이 끊기거나 미묘한 뉘앙스까지 전달할 수 없어 긴장하게 되고 어느 선 이상까지는 거리를 좁힐 수가 없다. 그런데 온 세상 사람들이 지켜보는 가운데 그 누구도 침범할 수 없는 곳에서 두 정상만이, 그야말로 허심탄회하게 대화를 나눈 판문점 도보다리에서의 모습은 4·27 정상회담의 하이라이트가 되었다. 말이 통하는 한 민족이기에 가능한 일이다. 이번 방북 취재에서 나 역시 어떤 장애물 없이 자유롭게 대화를 나눌 수 있다는 점이 가장 좋았다.

그것 못지않게 좋았던 점이 바로 음식이다. 우리는 유럽이나 미국은 물론이고 가까운 동남아로 해외여행을 갈 때도 한두 가지 입에 맞는 음식을 꼭 챙겨가곤 한다. 음식이 입에 맞지 않는 것만큼 괴로운 것도 없기 때문이다. 그러나 우리가 평양으로 여행을 간다면 아무것도 가져 갈 필요가 없다. 오히려 입에 맞는 음식들을 잔뜩 사서 오게 될 것이다.

내가 강연을 할 때 사람들이 가장 궁금해하고 많이 질문하는 것이 음식에 관한 것이다. 평양 음식이 정말 맛있냐면서 자세히 설명해달라고 한다.

나는 서울에서 나고 자랐는데, 어렸을 때 먹었던 몇 가지 음식의 고유한 맛을 평양과 원산에서 수십 년 만에 다시 찾았다.

첫 번째 다시 찾은 맛은 콩나물 맛이다. 평양의 한 음식점에서 콩나물무침을 먹고 50년 전 초등학교 시절에 먹었던 콩나물 맛을 기억해낼 수 있었다. 어린 시절 우리 집 안방에는 콩나물을 키우는 시루가 있었다. 나도 가끔 물을 주곤 했는데, 하루가 다르게 커가는 모습을 보면서 신기해한 기억이 새롭다. 요즘의 콩나물처럼 굵고 쭉쭉 뻗은 형태가 아니라, 작고 구불구불한 모양이었다. 바로 그 콩나물을 평양에서 다시 찾을 수 있었다. 어머니가 갖은양념을 넣어 무침을 만들어주면 그 국물에 밥을 비벼 먹곤 했는데, 그 맛도 다시 느낄 수 있었다. 무척 반갑고 새로웠다. 콩의 종자가 우리 땅에서 난 토종의 것이고, 유기농으로 생산했기 때문인 것 같다.

두 번째 다시 찾은 맛은 두부 맛이다. 50년 전에는 서울에서도 이른 아침에 지게를 지고 딸랑거리는 방울소리를 내면서 두부와 콩비지를 집집마다 팔러 다니는 사람이 있었다. 어른 주먹만 한 크기로 둥글게 뭉친 콩비지와 갓 만들어서 김이 모락모락 피어오르는 신선한 두부는 보기만 해도 먹음직스러웠다. 신김치를 숭숭 썰어 넣어서 끓인 콩비지 찌개는 최고의 반찬이었고, 김이 나는 두부를 그대로 참기름 한 방울을 살짝 띄운 간장에 찍어 먹으면 그보다 맛있는 별미가 없었다. 그 고소한 두부의 맛을 평양에서 다시 찾을 수 있었다.

유전자를 변형해서 수확량을 늘린 GMO 콩을 수입해서 공장에서 기계로 만든 요즘의 우리 두부와는 차원이 다른 맛이다. 이 역시 먹어봐야 맛을 안다. 예전의 두부 맛을 기억하는 우리 세대는 물론이고 예전의 두부 맛을 아예 모르는 젊은 친구들에게도 꼭 북녘의 두부 맛을 알려주고 싶다.

세 번째 다시 찾은 맛은 계란의 맛이다. 내가 어렸을 적 계란 프라이는 최고의 반찬이었다. 가마솥에 밥을 지으면서 뜸이 들 무렵에, 뚝배기에 새우젓으로 간을 해서 쪄내는 계란찜 역시 아주 귀한 반찬이었다. 지금도 우리는 자주 계란 프라이와 계란찜, 계란말이 등을 반찬으로 만들어 먹는다. 그러나 그 맛은 옛날과는 무척 다르다. 움직일 수 없는 좁은 케이지에 갇혀 24시간 밝은 전등 아래에서 먹고 알을 낳는 일만 하는 닭이 낳은 계란과 자연에 자유롭게 풀어놓고 키운 닭이 낳은 계란의 맛이 다를 수밖에 없지 않겠는가?

내가 이 말을 하면 50~60대 이상의 분들은 손바닥을 치며 맞다고 하면서 입맛을 다신다. 그 맛을 느껴보는 것만으로도 북녘의 여행은 가치 있는 최고의 여행이 될 것이다. 그 날이 곧 오기를 바랄 뿐이다.

김치는 어느 식당에서건 공통으로 나왔는데 양념이 단순하다는 것이 특징이다. 여러 재료를 넣어 입안 가득 풍성한 맛을 느끼게 하는 우리 김치와는 달리 깔끔하고 시원한 맛이 특징인 김치였다. 아삭아삭한 식감이 일품이었고 뒷맛이 개운했다. 예를 들어, '평양온반' 식당에서 만드는 나박김치는 젓갈을 사용하지 않고, 무, 소금, 고춧가루, 파, 마늘, 생강 그리고 약간의 설탕만 넣어 만든다. 또 우리와 달리 김치 국물이 넉넉히 나왔다. 우리는 깍두기류가 아니면 김치 국물은 잘 담아주지 않는데, 평양 음식점에서는 김치 국물을 함께 먹을 수 있었다.

특히 기억에 남는 음식 중 하나가 명태식혜이다. 명태식혜는 자연의 온

평양호텔의 조선(북한)식 아침식사.
이곳에서 콩나물무침과 계란 프라이를 먹고
50년 전 느꼈던 맛을 기억해낼 수 있었다.
평양에서는 김치와 함께 국물을 넉넉히 담아준다.

도로 말리는 방법이 맛을 살린 비결이지 않나 하고 생각해본다. 그 밖에도 안산식당에서 먹은 명태순대찜, 조선료리협회에서 운영하는 민속료리식당의 철갑상어회가 기억에 남는다.

조선료리협회는 북한 전체의 요리를 관장하는 기관으로, 중구역 동문동 인근 대동강에서 종합봉사선 '무지개' 호라는 배에 선상 식당을 운영하고 있다. 이곳에서 조선료리협회가 보급하는 다양한 조선(북한)음식을 맛볼 수 있다.

6·12 북미정상회담의 사전 조율을 위해 미국 대통령의 특사 자격으로 비밀리에 북한을 방문한 폼페이오 미국 국무장관에게 북측에서 철갑상어회를 대접했다고 한다. 그렇다고 철갑상어회가 아주 특별한 메뉴는 아니다. 대규모 양식에 성공해서 평양 시민들이 일상적으로 즐길 수 있는 음식이다. 살아 있는 철갑상어를 그 자리에서 잡아 활어회로 먹고, 매운탕도 끓여준다. 1kg에 20달러인데, 1.7kg짜리를 34달러에 사서 세 명이 푸짐하게 먹었다. 회의 양이 많아서 남은 것은 싸 가지고 가서 냉장고에 넣어두었다가 다음날 먹었는데 그동안 숙성이 되었는지 전날보다 훨씬 더 맛있게 먹었다.

1
안산식당의 명태식혜

2
안산식당의 명태순대찜.
이 요리는 조선료리협회에서
민족적 특색에 맞는 음식이라고
선정한 '조선명료리'로
등록되어 있다.

3
조선료리협회에서 운영하는
민속료리식당의 철갑상어회

잔치상과 잔치음식

이번 취재기간 동안 결혼식 모습을 취재할 기회가 있었다. 야외에서 결혼식을 올리고 음식점으로 이동해 피로연을 열었는데, 참석한 모든 사람이 신랑신부를 축복해주고 푸짐하게 차려진 음식을 먹고 마시며 즐거운 시간을 보냈다. 어느 나라에서나 마찬가지겠지만 결혼식이야말로 일생에서 가장 의미 있고 중요한 행사이자 잔치가 아니겠는가? 이날만큼은 모든 것이 넉넉하고 풍요로운 것이다.

그중에서도 단연 눈에 띄는 것이 음식이었다. 북녘의 잔칫상도 푸짐하기는 우리와 다르지 않다. 테이블마다 10여 가지의 다양한 음식들이 놓여 있고, 각자의 접시에 덜어서 먹는다. 돼지보쌈, 훈제오리, 탕수육, 새우튀김, 청포묵무침, 버섯볶음, 갖은 나물무침, 잡채, 동태전과 호박전 등 몇 가지 전, 소적쇠구이 등을 먹고 나중에 냉면이 맛보기 식으로 작은 그릇에 나온다.

여기에 대동강맥주, 평양소주 등의 주류와 사이다, 콜라 등 음료수, 강서약수 등의 병물까지 차려져 있다. 보통 100명 기준으로 이러한 잔치음식상의 가격이 300달러 정도이고, 아무리 푸짐하게 차려도 500달러는 넘지 않는다고 한다.

이런 흥겨운 날에는 가무도 빠질 수 없다. 더욱이 우리 민족은 흥이 넘치기로 유명하다. 신랑신부를 축복하며 노랫소리에 맞춰 덩실덩실 춤을 추는 가족과 친구들의 모습이 정겹고 자연스러웠다.

보통강구역 안산식당 2층 연회장에서 결혼식 피로연을 하고 있는 모습.
잔치 음식들이 놓여 있고 춤과 노래를 즐기고 있었다.

1	2

1
한상 가득 차려진 피로연 음식들.
이런 잔칫상이 100명 기준으로 보통 300달러
정도이다. 주류와 음료수는 별도이다.

2
잔칫상에 빠지지 않는 대동강맥주(2번 맥주)와 음료수,
뒤쪽에 평양소주도 보인다.

카메라 시선

평양의 상징
대형 조형물들

　북녘의 조형물들은 대체로 체제의 우월성을 선전하기 위한 목적으로 만들어진 것들이다. 가장 많이 눈에 띄는 것은 높이 솟아 있는 화강석 조형물이다. 평양은 다양한 대형 조형물들이 우뚝 서 있는 도시이다.

　김일성광장과 마주 보고 서 있는 주체사상탑은 꼭대기에 있는 횃불만 20m이고, 이를 포함해 전체 높이가 150m인 거대한 구조물이다. 마치, 낫, 붓으로 구성된 조선노동당창건기념탑은 전체 높이가 50m인데, 이 탑은 만수대 언덕의 김일성 주석, 김정일 국방위원장의 동상에서 2,160m 지점에 있으며 탑의 내부에는 각종 부조물이 새겨져 있다. 이 외에도 평양 시내 곳곳에 세워진 각종 대형 조각품이 도시의 랜드마크 역할을 하고 있다.

　이런 조형물들은 철저하게 계산된 의미를 담고 있다. 몇 개의 화강석을 사용해, 몇 미터의 높이로, 몇 층을 쌓아 올려, 어떤 형상을 만들었는지 등 각각의 숫자와 이미지에 분명한 메시지를 포함하고 있다. 이런 조형물이 있는 곳에는 해설 강사들이 상주해 방문객들에게 그 작품이 만들어진 이유와 과정, 전하고자 하는 진정한 의미를 '교육지침'에 근거해 설명해준다.

1 주체사상탑 앞에 세워진 삼인군상

2 모란봉구역의 천리마 동상

인민대학습당 전망대에서 바라본 김일성광장.
대동강 너머 대칭점에 주체사상탑이 솟아 있고,
광장 오른쪽에 조선미술박물관이,
왼쪽에 조선중앙력사박물관이 있다.

1	2
	3
	4

1
대동강구역 동문1동에 건립된
당창건기념탑

2
조국통일3대헌장기념탑.
가운데의 도로는 평양-개성 고속도로이며,
개성에서 평양 쪽으로 바라본 장면이다.
탑 건너편의 통일거리에 조성된
아파트가 보인다.

3
단군릉. 단군릉은 평양 시내에서 동쪽으로
약 40km 떨어진 강동군 문흥리 지역에서
발굴된 단군시대 유골을 수습해 조성한
단군의 묘이다. 피라미드 형식으로 조성하고
4방 모서리에 통돌로 조각한 곰 형상을 배치했다.
단군릉 주변에는 여러 조각상들이 있다.

4
만경대학생소년궁전 앞에 있는 조형물

6부

여기 더
좋은 물건 있어요

백화점과 스타일

"요즘 재미 좋나?"

●
○

"요즘 일이 어때? 재미 좋나?"

2017년 10월 11일 오후, 옥류관 앞. 손님을 기다리는 택시가 줄지어 서 있는 사이에서 운전기사들끼리 서로의 '벌이'가 어떤지 이야기를 주고받는 소리가 들렸다. 사회주의 체제인 북한에서는 직업이 정해져 있고, 그에 따라 정해진 월급을 받는 것이 원칙이다. 하지만 한편에서는 이렇게 개인의 벌이와 소유에 대한 관심과 욕구도 당연시되고 있다. 모든 택시 운전원들의 기본 월급은 같지만, 수익이 발생하면 그 단위조직 혹은 부서별로 운영비 등으로 사용할 수 있다고 한다.

옥류관에서 냉면을 먹고, 휴대폰으로 통화하며, 택시를 타고 백화점에 들러 쇼핑하는 생활. 이곳은 서울이 아니라 평양이다.

"이것 보세요, 여기 더 좋은 물건이 있어요. 오늘 막 들어온 것이에요. 이것으로 들여가세요."

2017년 10월 13일 오후, 평양시 만경대구역 팔골1동에 위치한 광복지구상업중심(구 광복백화점)의 봉사부원 김경숙(48세) 씨가 물건을 살펴보는 손님에게 제품을 설명하면서 하나라도 더 팔아보려고 한다. 서울의 어느 마트에서나 쉽게 볼 수 있는 풍경이다. 광복지구상업중심에는 많은 시민이 쇼핑하러 나와 있었다. 북한의 경제상황이 무척이나 어려울 것이라는 예상과 달리 이곳에는 다양한 상품이 갖춰져 있었고, 활발하게 판매되고 있었다.

내가 평양 시민들에게 세계의 경제제재가 두렵지 않느냐고 물어볼 때마다 돌아오는 답변은 항상 같았다.

"우리는 70년 동안 제재를 받아왔고, 그때부터 지금까지 어느 한 순간 제재를 받지 않은 적이 없습니다. 그래서 우리는 준비해왔습니다."

나와 함께 다닌 리영호(43세) 운전원은 이렇게 말했다.

"진 선생님, 고난의 행군 시기에는 말도 마십시오. 너무나 참담해서 말을 할 수가 없습니다."

곧 쏟아져 내릴 것 같은 눈물이 눈가에 그렁그렁 달려 있었다. 더 이상 캐물을 수 없었다. 가까운 가족 중 누군가가 변을 당한 것 같다는 것을 직감적으로 느낄 수 있었다. 살면서 굶어 죽는 일만큼 참담한 일은 없을 것이다. 지독히도 참담한 세월을 겪어낸 북녘 사람들이다. 3일 굶어서 도적질하지 않을 사람이 없다고 하는데, 심지어 죽기까지 했으니 어떻게 말로 설명할 수 있겠는가?

일제 식민치하에서는 3대 각오가 있어야 항일운동을 할 수 있었다고 한다. 맞아 죽을 각오, 얼어 죽을 각오, 굶어 죽을 각오가 분명히 서 있어야 항일투쟁을 할 수 있었다는 것이다.

죽으면 다 똑같겠지만, 죽기 전까지가 견디기 어려운 일 아닌가? 이 3대 각오는 고통의 순서가 아닌가 싶다. 맞아서 죽는 것도 보통 괴로운 일이 아니지만, 그래도 얼어서 죽는 것보다는 덜 고통스러울 것이다. 혹독한 추위에 얼어서 죽는 것이 얼마나 고통스럽겠는가? 그런데 굶어서 죽는 일을 상상해보자. 나로서는 상상조차 되지 않는다. 그 시간은 얼마나 긴가? 빨리 죽고 싶어도 질긴 목숨이라 쉽게 끊어지지 않고, 고통이 끝없이 이어지니 세상에서 가장 참담한 괴로움일 것이다. 한 끼만 놓쳐도 당 떨어져서 걷지도 못하겠다는 사람이 태반인데, 굶어서 죽기까지는 얼마나 고통스럽겠는가?

운전원 리영호 씨는 이제 북에서는 적어도 굶어 죽는 일은 없다고 한다. 쌀이 없으면 보리밥을 먹으면 되고, 보리가 없으면 강냉이(옥수수), 감자를 먹으며 걱정 없이 살 수 있다고 한다. 이제는 북에서 감자와 옥수수가 떨어질 일은 절대 없으니 세상에서 무서울 것이 없다고 한다. 살아가는 방법을 알기 때문에 세상의 그 어떠한 제재도 두렵지 않고, 즐거운 마음으로 버틸 수 있다는 것이다.

이런 두려움 없는 강한 정신력이야말로 최고의 무장이 아니겠는가? 조금만 더 제재를 가하면 곧 손들고 항복할 것이라고 생각하는 외부 사람들, 특히 일본 정부를 비롯한 남쪽의 일부 사람들은 이러한 점을 몰라도 한참이나 모른다고 북녘 사람들은 생각하고 있다.

실제로 내가 만난 평양 사람들은 의식주를 해결하는 차원을 훨씬 뛰어넘어 다양한 소비생활을 하고 있었고 그 모습이 무척 익숙해 보였다. 광복지구상업중심에 구비된 많은 상품과 그 사이에서 여유롭게 쇼핑을 즐기는 시민들의 모습이 그런 생각을 뒷받침해주었다.

이곳 1층에는 과자, 채소, 과일 등의 식품류와 생활필수품이 갖춰져 있었다. 식품 코너에서 만난 손님들은 대개 바구니나 카트에 물건을 담아가며 쇼핑하고 있었는데, 카트마다 물건이 가득했다.

즉석 식품이나 채소류 등은 우리와 마찬가지로 랩이나 투명한 플라스틱으로 포장되어 있다. 계산대에 POS 시스템이 설치되어 있는 것도 우리와 같다. 바코드를 스캔할 때 나는 "띵~" 하는 소리가 쉬지 않고 울렸다. 결재는 거의 현금으로 하지만 카드를 일부 사용하기도 한다. 우리도 현금에서 카드로 바뀐 것이 불과 몇 년 되지 않는다. 북쪽도 얼마 지나지 않아 카드 사용이 급격히 늘어날 것으로 보인다.

1
'신젖'이라고 순 우리말로 표시된 요거트 등의 유제품을 설명하는 판매원. 딸기맛, 사과맛, 바나나맛 등 여러 가지 과일 맛의 떠먹는 요거트가 다양하게 포장되어 있다.

2
식품매대에서 빵, 과자 등 아이들 간식거리를 고르고 있는 평양 시민들. 어린아이를 등에 업은 젊은 엄마의 모습을 심심치 않게 볼 수 있다.

1
창전거리에 위치한 '해맞이식당' 1층
슈퍼마켓에서 젊은 부부가 장을 보고 있다.
소학교에 다니는 아이에게 줄
과일과 간식거리를 고른다고 했다.

2
'해맞이식당' 1층 슈퍼마켓에서 판매원이
요즘 평양에서 인기 있는 '사과초'에 대해
설명하고 있다.

하이힐과 스커트

이번 취재에서 눈에 띈 것 중 하나가 평양 시민들의 옷차림이다. 13세 이하의 학생들은 붉은색 소년단 스카프를 매고 교복을 차려입은 모습이 눈길을 끌었지만, 교복 위에 화려한 색상의 외투를 덧입고 손목시계와 레깅스로 멋을 낸 아이들도 많았다.

성인들의 옷차림은 더욱 다양했다. 짧은 스커트와 하이힐의 양장 차림이 대표적이다. 평양은 많은 건물의 실내 바닥재가 돌로 되어 있어서 어디에서나 또각또각 하이힐의 경쾌한 소리를 들을 수 있었다. 특히 2018년 6~7월 방문 때는 강한 햇살을 가리기 위해 양산을 쓴 여성들이 많이 눈에 띄었다. 양산은 화려한 꽃무늬부터 레이스와 반짝이 장식이 달린 것까지 디자인과 색상이 다양했다.

옷이 그 사람과 시대를 반영한다는 진부한 표현을 하지 않더라도 평양 시민들의 옷차림만으로 지난 10여 년간 북녘에서 일어난 변화와 그 속도를 짐작할 수 있었다.

우리와 다른 점이 있다면 평양에는 아직 한복을 외출복으로 입는 사람

도 많다는 것이다. 우리가 결혼식 같은 특별한 전통 예식이 있을 때만 한복을 입는 것과는 차이가 나는 부분이다. 중요한 일이 있거나 행사에 참석할 때 한복을 입는 여성이 많았고, 음식점에서 서빙하는 사람들도 한복을 유니폼처럼 입고 있었다. 우리와는 달리 북녘 사람들은 한복을 '조선옷'이라고 말한다. 조선옷이 여성들의 정장이다.

 2018년 3월 25일 김정은 위원장이 시진핑 주석과의 정상회담을 위해 중국에 방문했을 때 동석한 리설주 여사의 옷차림이 큰 화제를 불러일으켰다. 리설주 여사는 허리라인이 높고 팔길이가 짧은 크림색 투피스로 여성스럽고 세련된 이미지를 연출했다. 2018년 4월 27일 판문점 남북정상회담 만찬 당시에도 리설주 여사는 무릎을 살짝 가린 핑크색 투피스 차림으로 여성미를 뽐냈다. 이를 보면 지금 평양에서 유행하는 옷차림이 어떤 것인지 짐작해볼 수 있을 것이다.

 패션의 한 축을 차지하는 것이 헤어스타일이다. 나는 평양 시민들에게 인기 있는 미용실과 이발관도 찾아가 보았다. 미용실에서는 머리 손질을 받는 손님이 휴대폰으로 계속 통화하면서 거울을 보며 자신의 머리를 맡기고 있었다. 이발하는 남자도 벽에 붙어 있는 헤어스타일을 가리키며 자기가 원하는 스타일을 분명하게 요구하는 모습이 인상적이었다.

 어쩌면 의식주와 관련된 이런 작고 사소한 변화들이 쌓이고 쌓여 큰 흐름이 바뀌는 것이 아닐까? 그런 면에서 평양의 변화는 생각보다 넓고 빠르게 진행되고 있음을 피부로 느낄 수 있었다.

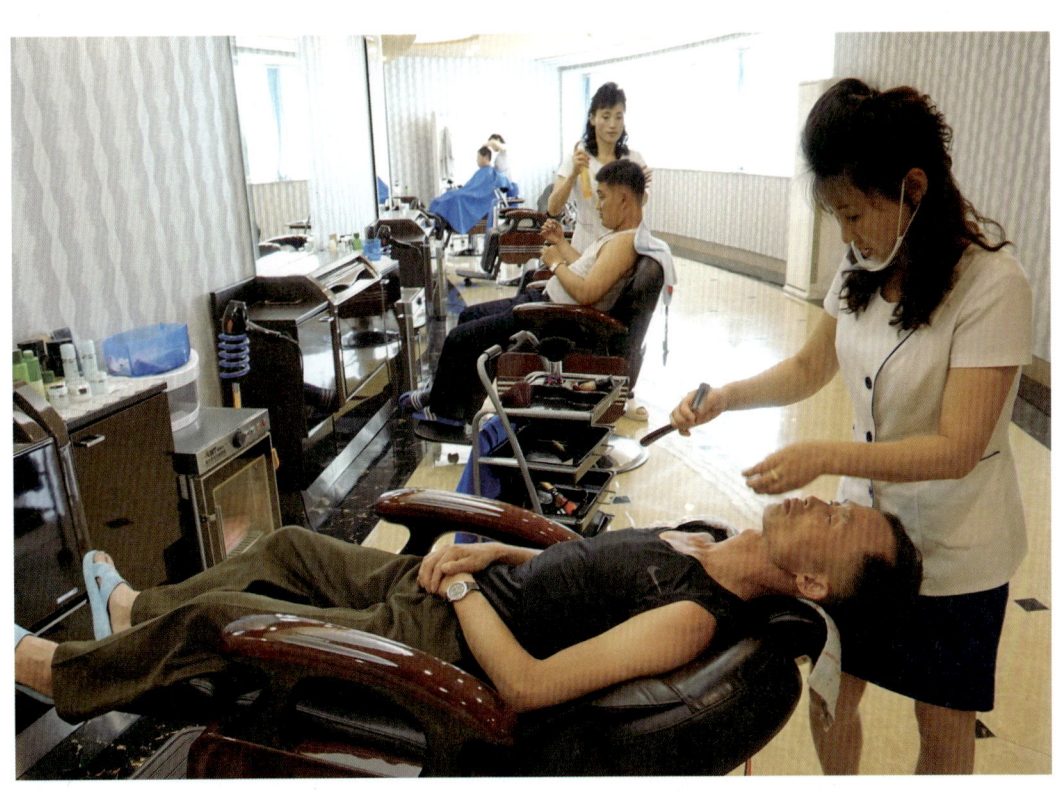

평양 사람들이 매일 착용하는 신발과 가방이 모두 북한산이라기에 이 제품들이 만들어지는 공장은 어떤 모습일지 궁금해 안내원에게 부탁해 가방공장과 신발공장을 둘러볼 기회도 가졌다.

평양시 락랑구역 충성동에 위치한 평양가방공장에는 재봉틀 300여 대가 바쁘게 돌아가고 있었다. 재단, 인쇄, 사출, 수지작업을 하는 노동자와 수리공 등 전체 직원 500여 명이 근무하고 있었다. 이곳에서는 평양시 소학교(초등학교), 초급중학교(중학교), 고급중학교(고등학교), 대학교 학생들의 책가방을 주로 제작했다. 이곳에서 만든 가방은 모든 신입생들에게 무상으로 제공된다고 한다. 학생들은 교복과 교재는 물론 학용품 등도 누구나 차별 없이 동일한 제품을 공급받는다.

북한 경제생활의 기본은 국가로부터의 배급이다. '공동생산, 공동분배'라는 사회주의 체제 원칙에 따른 것이다. 쌀 등의 기본적인 주식은 물론 간장, 고추장 등 장류도 매달 적정량 배급받는다고 한다. 물론 개인이 시장을 통해 원하는 물건을 구입하여 먹고 입고 사용하기도 한다.

평양시 만경대구역에 위치한 류원신발공장은 최신 디자인으로 운동화를 만드는 업체이다. 2018년 4월에 찾은 이곳에는 20대부터 50대까지 다양한 연령대의 노동자들이 일하고 있었다. 디자인은 물론 품질 면에서도 다른 나라 못지않은 편안한 신발을 만들기 위해 아디다스, 나이키 등의 해외 브랜드 신발을 참고하기도 했다. 별도 건물에 마련된 직매장에는 많은 여성들이 찾아와 신발을 구경하고 구매했다.

류원신발공장의 모습

카메라 시선

언제나
은총을 내리시는 하느님 아버지……

봉수교회

　일요일인 10월 8일 오전 10시, 평양시 봉수교회를 찾았다. 북녘에도 기독교가 있다는 건 알고 있었지만 '진짜 종교의 자유가 있긴 할까? 어느 정도일까?' 하는 의문을 마음 한편에 품은 채였다. 그동안 북녘의 교회나 예배 사진을 보긴 했지만 형식적이거나 연출된 장면일 수 있다고 생각했고, 예배도 우리 식과는 무척 다를 것이라고 지레짐작하고 있었다. 그런데 실제 내가 눈으로 보고 취재한 바에 따르면 우리의 기독교 예배와 같았다.

　신자들은 피아노 반주에 맞춰 성가대와 함께 찬송가를 불렀다. 이때 제단 뒤에 있는 스크린에 해당 찬송가 구절이 표시되었다. "예수 앞에 나가면 모든 죄 사하고……"라는 찬송가가 끝나면 "아멘" 하고 성도들이 응대했다. 그러고 나서 성경 시편 40장 1절부터 9절까지를 읽었다. "여호와", "주님"이라는 단어가 또렷이 들렸다. 목사의 설교도 우리와 다를 바 없었다. 체제를 선전하는 말은 전혀 없고 "말씀을 듣고서 은혜를 받고저 합니다"라는 표현이 들렸다. 설교 끝에 신도들이 "아멘" 하고 답했고, 함께 기도했다. 봉사자가 헌금바구니를 들고 도는 것도 같다. "언제나 은총을 내리시는 하느님 아버지……" 하면서 마침기도까지 했다.

봉수교회의 일요일 예배에서 신자들이 예배 드리는 모습. 강단 위의 스크린에 "주여 주여 내 말 들으사"라는 가사가 보인다(맨 아래).

7부

철거민에게 입주 1순위 자격을

려명거리 73층 아파트의 삶

초고층 아파트 시대를 열다

●
○

비혼, 1인 가구, 혼족, 황혼이혼, 졸혼…….

최근 우리 사회에서 유행하는 결혼과 가족에 관한 키워드들이다. 전통적인 가족 제도에 대한 반감과 파괴가 확산되면서 결혼을 꼭 해야 하는가, 결혼하지 않고 아이를 가질 수는 없는가, 동성 간의 결혼은 합법화되지 못하는가와 같은 논쟁들이 활발하게 진행되고 있다. 가족 대신 반려동물과 생활하는 독신 가구의 모습도 흔한 풍경이 되었다.

한편 북한은 아직까지 대체로 전통적인 가족 형태를 유지하고 있다. 가족 형태가 분화하는 현상은 사회학적으로나 인구학적으로 여러 설명이 가능하겠지만 경제적인 이유도 한몫할 것이다. 가족이 함께 생활하면 경제적으로 유리한 점이 많이 있기 때문에 북한에서 아직 전통적인 가족 형태가 유지되는 것은 이런 요인도 작용하는 것 같다.

내가 이번 방북 취재 동안 가장 궁금하고 꼭 카메라에 담고 싶었던 것이 평양 시민들이 실제 생활하는 공간과 모습이었다. 그래서 양해를 구한 끝에 몇몇 가정을 직접 방문해볼 수 있었다. 평양 시민의 살림집 내부

중구역에 위치한 평양대극장 옆 고층 아파트 숲

를 취재한 것은 남쪽 기자로서는 내가 최초라고 북측에서 확인해주었다.

내가 방문한 곳은 고층 아파트들이 집중되어 있는 려명거리 지역이다. 최근 10년 사이에 평양 중심부의 스카이라인은 무섭게 변했다. 대규모의 고층 아파트들이 들어서면서 낮고 완만하게 연결되던 도시의 선과 윤곽들이 날카롭고 삐죽삐죽하게 바뀌었다. 려명거리, 창전거리, 미래과학자거리 등에는 (초)고층 신식 주거용 건물들이 들어찼고 그 높이와 위용은 서울의 고층 아파트 못지않다. 디자인은 오히려 더 독특하다.

지난 몇 년 동안 건설된 평양 시내의 대표적인 지역을 살펴보면, 창전거리(2012년 6월 완공), 은하거리(2013년 9월), 위성거리(2014년 10월), 미래과학자거리(2015년 11월), 그리고 려명거리(2017년 4월)가 있다. 이 거리들은 빠른 속도로, 그리고 대규모로 건설되어 놀랄 만한 변화를 보여주었다. 공사기간도 기존의 '천리마' 속도에서 '만리마' 속도로 빨라졌다. 이런 거리에 조성된 아파트는 그 주변에 근무하는 주민들을 우선으로 배정한다고 한다.

평양시 평천구역 미래동의 미래과학자거리는 2015년 완공된 고층 아파트 지역이다. 이곳은 김책공업종합대학 근처에 조성되었기 때문에 김책대에 근무하는 교육자들이 주로 거주하며, 평양 각급 대학의 교원, 연구원들도 살고 있다. 미래과학자거리에서 가장 높은 아파트는 53층이고, 1~2층에는 식당, 상점, 세탁소 등 주민 편의시설이 들어서 있다. 대동강변에 위치하고 있어서 경치가 특히 좋다. 둔치에 체육시설이 갖춰져 있

평천구역 미래동 미래과학자거리 양측에 건설된
아파트 모습

고 공원도 잘 꾸며져 있다. 강바람을 맞으며 자전거를 타거나 산책을 하는 시민들을 많이 볼 수 있다.

려명거리에는 73층 최고층 아파트를 비롯해 주로 30층부터 50층 사이의 아파트 총 4,804세대가 있고, 봉사 건물(편의시설)이 따로 있다. 이곳 건물들은 1년 남짓 만에 완공되었다고 한다. 특히 에너지 절약형 친환경 녹색거리로 계획되었다는 것이 려명거리 지역 사람들의 자랑이다.

이 아파트가 건립되었다는 소식이 국내에 전해졌을 때 우리 언론은 물론이고 여론도 냉소적인 반응을 보였던 것이 기억난다. 어떻게 그런 고층건물을 1년여 만에 완공했느냐 하는 것이 가장 큰 의문이었다. 그래서 언제 무너질지 몰라 무서워서 들어가 사는 사람이 없고, 밤이 되면 전력 사정이 나빠 유령의 도시가 된다는 추측성 기사가 나기도 했다. 지금까지 그 내용을 믿는 사람들도 있다. 실제로 그렇게 짧은 기간에 완공한 건물에 사람이 거주할 경우, 과연 안전에 문제가 없을까?

철골콘크리트 골조에 벽돌을 가미하는 공법에서 가장 크게 시간을 잡아먹는 것은 양생이다. 콘크리트가 굳어야 다음 공정으로 넘어갈 수 있는 것이다. 나는 전문가가 아니기에 공학적으로 70층 건물을 1년 남짓 만에 완공하는 것이 가능한지 정확히 판단할 능력이 없다. 그런데 북녘 사람들은 과학적으로 가능하다고 설명한다. 콘크리트 양생 감수제를 비롯한 과학기술의 개발로 대단위 건설 단지의 공사기간을 크게 단축할 수 있었다고 한다. 콘크리트 양생기간을 2/3 정도로 줄여서 가능했다는 것이다.

평양을 다녀온 뒤 지방 어느 도시에서 강연을 했는데 끝나고 나서 한 분이 조용히 내게 찾아왔다. 그리고 다음번에 북쪽에 가면 콘크리트 감수제에 대한 특허권을 확보하는 방법을 알아봐서 자기에게 꼭 알려달라고 부탁했다. 그것을 건축공법에 활용해 공사기간을 단축하면 건설비용을 획기적으로 절감할 수 있을 것으로 판단한 것이다.

나는 아직 이 의문을 완벽히 풀지 못했지만, 내가 실제로 방문해본 려명거리 아파트의 주민들은 안정성에 대한 걱정이나 불안 없이 평화롭게 생활하고 있었다. 이것만은 내가 직접 확인한 사실이다.

려명거리 초고층 아파트.
대성구역과 모란봉구역에 걸쳐
2017년 4월에 완공되었다.
외관 디자인이 독특한 모양이고
베란다가 노출된 구조이다.

충성의 다리에서 촬영한 미래과학자거리 야경.
왼쪽의 가장 높은 건물은
미래과학자거리의 상징적인 건물로, 53층이다.

려명거리 고층 아파트의
살림집에 들어가다

●
○

려명거리는 김일성종합대학 옆이어서 려명거리 살림집에는 주로 김일성종합대학 교원들과 려명거리 건설 노동자들이 입주해 있다. 이곳 거주민들은 아파트 입주를 증명하는 입사증(우리 식으로는 등기부등본)을 받는데, 그 증명서에는 세대주 이름과 방의 개수 등이 기록돼 있다.

우리가 가장 궁금해하는 것은 대개 아파트 평수이다. 아파트를 단순한 주거의 개념보다는 재산 증식의 수단으로 생각하기 때문이다. 그러나 이곳 사람들은 평수에 대한 개념이 없다.

평양에서는 집의 크기를 평수가 아니라 방의 개수로 계산한다고 한다. 방 2개짜리 집, 3개짜리 집, 4개짜리 집 등으로 집의 크기를 짐작하는 것이다. 국가에서 집을 배정해주기 때문에 방이 몇 개인지만 알면 되는 것이다. 방의 개수는 집주인의 권력관계나 사회적 지위로 결정하는 것이 아니라, 부양가족의 숫자로 결정한다고 한다. 모든 가구가 부양가족의 수에 따라 그에 맞는 집을 배정받는지는 확인하지 못했지만, 내가 방문한 아파트의 경우는 모두 살고 있는 사람의 수와 방의 개수가 비례했다.

눈에 띄는 점은, 재개발하기 이전에 그 지역에 살던 사람들, 즉 철거민에게 아파트 입주 1순위 자격을 준다는 것이다. 여기 사람들은 '철거 맞았다'라는 표현을 쓰는데, 기존 집이 철거된 사람들은 새 아파트가 지어지면 그곳에 1순위로 입주하게 된다.

려명거리에 있는 아파트의 한 달 주택 사용료는 240원으로, 우리 돈으로 환산하면 2,700원 정도이다. 거의 무료라고 할 정도로 저렴한 비용이다. 고층 아파트여서인지 엘리베이터 관리자가 따로 있다.

내가 려명거리의 살림집을 찾아간 때는 4차 방북 취재 당시인 2017년 11월 16일 오후이다. 안내원 김미향 씨에게 사람이 거주하고 있는 살림집에 들어가 살펴보고 싶다고 말하자 그는 "아무리 북한이래도 예고 없이 집에 들어가면 안 된다. 방문해도 좋다는 허락을 먼저 받아야 한다. 더구나 카메라를 들이대고 여기저기 찍어댈 텐데 누가 좋아하겠냐?"라고 말하면서 사전에 양해를 구한 뒤에 방문할 수 있도록 도와주었다.

처음 찾은 집은 평양시 서성구역 장경2동 98반 20층 4호이다. 이곳엔 김일성종합대학 전자재료연구소 연구사인 김우현 박사(56세)와 부인 최경(54세) 씨, 대학원생 아들, 그리고 김 박사의 어머니 장순금(87세) 할머니가 함께 살고 있었다. 장 할머니는 백발에 고령이지만 얼굴빛이 곱고 목소리도 또렷했다. 아들 덕에 편안한 아파트에 살게 되어 기쁘다는 내색을 감추지 않았다.

서성구역 장경동에 위치한
김일성종합대학 연구원인
김우현(56세) 씨의 집 내부

이 집의 첫인상은 정돈된 분위기에 안락하다는 것이다. 거실, 주방, 방 4개, 화장실, 베란다로 이루어져 있는데, 주방엔 가스레인지, 냉장고, 전기밥솥, 정수기 등이 갖춰져 있고, 방엔 침대가 놓여 있어서 우리 가정집과 비슷한 생활양식을 누리고 있었다. 베란다에는 장독과 에어컨 실외기가 놓여 있었다.

부부 방에는 더블침대, 스탠드, 티테이블 등이 갖춰져 있고, 화장실도 딸려 있었다. 할머니 방에는 침대, 장롱, 재봉틀 두 대와 시계가 걸려 있었다. 이 집 창문을 통해 밖을 바라보는 전망 또한 장관이었다. 바로 앞에 모란봉이 보이고 평양 시내가 펼쳐졌다.

두 번째 방문한 집은 려명동 4반 12층 1호로, 서구공공건설사업소에서 미장공으로 근무하는 김충성(31세) 씨의 집이다. 조국해방전쟁승리기념관 관리원으로 근무 중인 아내 전혜성(29세) 씨와 어머니 박순덕(68세) 씨와 함께 살고 있었다. 김씨는 건설노동자 출신으로, 입사증을 얻어 입주했다.

집은 방 2개, 주방, 화장실, 거실로 구성되어 있고, 텔레비전과 피아노도 갖춰져 있었다. 온도계가 걸려 있는 것이 눈에 띄었다. 방과 거실은 모두 온돌식이었다. 화장실은 변기, 수건이 달린 세면대, 욕조로 구성되어 있었고, 드라이어를 사용할 수 있도록 전원코드도 설비되어 있었다.

세 번째 방문한 집은 대성구역 려명동 1반 9층 2호로 대외경제기업소에서 노동자로 근무하는 로정근(42세) 씨의 집이다. 부인 지경애(40세) 씨

서구공공건설사업소에서 미장공으로 근무하는 김충성(31세) 씨의 집(위)과 대외경제기업소에서 노동자로 근무하는 로정근(42세) 씨의 집(아래). 로정근 씨 가족은 전에 살던 집이 철거되면서 새로 건설된 이곳 아파트를 배정받았다.

와 아들이 함께 사는 집인데, 전에 살던 집이 철거되면서 새로 건설된 이곳 아파트를 배정받았다고 한다. 내가 방문했을 당시 초급중학생인 아들은 학교를 마치고 축구하러 나갔다고 했다. 지씨는 입사증을 꺼내 직접 보여주면서 무척 좋아했다. 입주하기 전날에는 남편과 함께 새집으로 들어가는 것이 너무나 좋아서 잠이 오지 않아 뜬눈으로 지새웠다고 한다. 그녀는 연신 밝은 모습으로 자랑스럽게 집안 여기저기를 자세히 설명하면서 보여주었다.

한편, 이런 고층 아파트 지역 외에 서성구역 상신동에 있는 오래된 아파트도 취재했다. 지난 2016년 4월 남쪽으로 들어온 '12명 중국 식당 여성 종업원' 중 서경아 씨의 집으로, 상신동 81반 3층 3호이다. 서씨의 어머니 리금숙(48세) 씨는 딸이 보고싶다고 말하면서 서씨의 방과 옷장 등을 보여주었다. 조화와 조각품, 인형 등의 장식품으로 집안 곳곳을 꾸며 놓은 것이 인상적이었다.

1
2016년 4월 남쪽으로 들어온 12명 중국 식당 여성 종업원 중 한 명인 서경아 씨의 집. 서씨의 어머니 리금숙 씨

2, 3, 4
서성구역 상신동 아파트의 내·외관

| | 1 | |
| 2 | 3 | 4 |

"항상 조심하라"

●
○

　　　　　　　　　려명거리의 살림집을 다른 나라 기자에게 공개한 것은 이번이 처음이라고 한다. 미리 약속하고 찾아갔지만, 일부러 없던 물건을 갖다 놓거나 화려하게 꾸며놓았다는 느낌은 받지 못했다. 외부인이 방문한다고 하니 깨끗하게 청소하고 나름대로 정리정돈을 해놓은 정도로 보였다.

　북쪽에 대해서 부정적인 시각을 갖고 무엇이든 좋지 않게 보려는 사람들은 말한다. 기자가 방문한 곳들은 모두 잘 보이기 위해 특별한 장소를 골라서 꾸미고 연출한 것이라고. 내가 만일 이번에 취재한 사진이나 영상을 보여주지 않고, 말이나 글로만 북녘의 상황을 설명했다면 아무도 믿지 않고 사실로 보지 않았을 것이다.

　지난 이명박, 박근혜 정부 시기에는 "대동강맥주가 맛있다", "대동강 물이 맑고 깨끗하다"고 말했다는 이유로 국가보안법 위반으로 기소해서 추방하거나 징역형에 처한 사례도 있었다. 불과 1~2년 전까지도 이런 일이 가능했다. 세월이 바뀌었다고는 하지만 아직도 당시 적용한 국가보안법이 그대로 유지되고 있다.

　내게도 많은 이들이 "항상 조심하라"며 걱정 어린 말을 해준다. 무엇을 조심하고 눈치를 보란 말이겠는가? '종북', '빨갱이'라는 주홍글씨가 덧씌워지는 것을 주의하라는 말이다. 요즘 여러 곳에서 강연을 할 때면 나는 다음과 같은 말로 시작한다.

　"나는 칼끝에 올라 서 있는 심정이다. 나는 대한민국 여권을 소지한 미국 영주권자의 자격으로 북한에 가서 취재를 하지만 대한민국, 조선민주주의인민공화국, 미국 그 어느 나라에서도 불법에 해당하지 않는다. 그래서 자유롭게 취재를 할 수 있다. 그러나 한국의 정보당국에서 볼 때, 저 사람이 혹시 북쪽의 지령을 받고 체제 선전이나 하면서 다니는 것이 아닌가 하는 의문을 가질 수 있을 것이다. 북한의 입장에서는 혹시 저 사람이 남쪽 당국의 부탁으로 북쪽의 정보나 빼내려는 것이 아닌지 의심할 수도 있을 것이다. 이러한 합리적 판단에서 과연 내가 살 길은 무엇인가를 심각하게 생각하지 않을 수 없다. 나는 기자다. 지난 30여 년 동안 일관되게 기자로 살아온 것을 기반으로 기자정신에 충실히 임하는 것이 내가 존재할 수 있는 길이라고 생각한다. 기자는 어떤 사람인가? 있는 그대로의 객관적인 사실을 전달하는 역할을 하는 사람이다. 기자 본연의 역할만 제대로 한다면 누구에게도 부끄럽지 않고 떳떳할 수 있으리라고 생각한다. 나는 이런 자세로 북녘을 취재하고 그 모습을 알리고 있다."

─ 카메라 시선 ─

더 나은 여가를 찾아서
볼링부터 스케이트까지

"문화생활을 하러 자주 이곳에 옵니다."

실내 스케이트장에서 만난 20대 초반의 두 청년이 씩씩하게 말한다. 이들은 서성구역에서 사는 친구 사이로 요새 스케이트에 푹 빠져 있다.

볼링, 탁구, 포켓볼도 최근 평양 시민들에게 인기 있는 종목이다. 상대방이 큐대로 당구공을 치려고 할 때 말을 걸어 실수하게 만드는 모습, 자신이 의도한 대로 공을 치고 나서 환호하는 모습 등은 우리와 동일하다.

노래방 기계로 노래를 부르며 기분을 달래는 것도 우리와 비슷하다. 평양 취재기간 동안 매일 운전해준 운전원 리영호 씨는 자신의 아파트에 공용 노래방 기계가 있어서 휴일에 노래를 부르며 가족 모임을 즐긴다고 한다.

여유 있게 시간을 보내는 노인들도 자주 만날 수 있었다. 세계은행이 발표한 북한의 기대수명은 69.81세(2014년 추정치)이다. 이 수치는 남한에 비해 낮으나 2000년대 초반 북한의 기대수명에 비해 대폭 늘어난 수치이다. 은퇴한 노인들은 공원에 모여 음악을 틀어놓고 춤을 추기도 하고, 강가에서 운동도 하면서 시간을 보내고 있었다.

1
포켓볼을 즐기며 토요일 오후를 보내고 있는 젊은이들

2
대동강구역에 위치한 인민야외빙상장에서 젊은 연인이 스케이트를 타며 데이트를 즐기고 있다.

1
2

1
대동강구역에 위치한 평양볼링관.
볼링은 평양에서 인기 있는
여가활동 중 하나이다.

2
대동강구역에 위치한 금릉운동관에서
시민들이 러닝머신을 이용하고 있다.

개선문 부근에 있는 개선청년공원에서
다양한 놀이시설을 즐기는 시민들

1
대동강구역 능라3동의 문수물놀이장.
많은 사람들이 물놀이장에서 인공파도를 즐기며
즐거운 시간을 보내고 있다.

2
대성구역 중앙동물원의
호랑이가 크게 입을 벌린 독특한 모양의 정문.
묘향산 지역에서 온
같은 회사 직원들이 사진을 찍고 있다.

8부

역사의 순간, 변화의 중심에 선 젊은이들

미래를 꿈꾸고 계획할 수 있는 사회

평화가 소중하다

우리 사회에서 북한이라는 말만 꺼내도 '종북'이라는 굴레를 씌우는 시절에도 북한을 소재로 만든 영화가 흥행에 성공한 경우는 꽤 많다. 〈간첩 리철진〉, 〈베를린〉, 〈은밀하게 위대하게〉 등이 대표 작품이다. 〈간첩 리철진〉의 리철진(유오성)은 특수부대 군인이고, 〈베를린〉의 표종성(하정우), 동명수(류승범), 련정희(전지현)는 독일과 서방 세계를 무대로 정보활동을 펼치는 북한 최고 정예요원이다. 〈은밀하게 위대하게〉의 원류환(김수현), 리해랑(박기웅) 등은 북한 남파특수공작부대의 에이스 젊은이들이다.

이들 영화의 주인공은 모두 북한의 청년들로, 정보요원 또는 특수부대원으로 양성되어 해외에 파견된다는 설정이다. 이 영화들을 보면 북한의 젊은이들은 모두 특수훈련을 받는 게 아닐까 하는 오해를 하게 된다.

한편, 영화보다 우리가 자주 접하는 뉴스에 등장하는 북한 젊은이의 이미지 중 하나는 해커이다. 웬만한 해킹 사건에 모두 '북한 소행'이라는 딱지가 붙여졌으니, 북한에는 뛰어난 실력을 갖춘 젊은 해커가 많을 것

중구역 김책공업종합대학교로
등교하는 학생들.
대학생들도 교복을 입는다.

모란봉공원에서 수채화를 그리고 있는
평양미술종합대학 1학년 김수련 학생

이라고 생각할 법도 하다.

현실은 어떨까? 실제로 북한의 젊은이들은 군인이거나 정보요원이거나 해커일까? 영화는 영화일 뿐, 실제로 평양 거리를 다녀보면 이런 생각이 현실과는 상당히 거리가 있음을 깨닫게 된다. 교복을 입고 등굣길을 재촉하는 학생들, 길거리에서 데이트하는 젊은 연인들, 친구들과 어울려 볼링과 포켓볼을 즐기는 청년들은 지극히 평범하고 소박한 모습이다. 이들에 대한 이미지가 왜곡되어 있는 것은 그동안 북한이 베일에 가려진 채 국제 사회와 소통할 기회를 갖지 못했다는 의미일 것이다.

평양에서 만난 청년들 중 기억에 남는 인물로 김수련(18세) 양이 있다. 모란봉공원에서 만난 김수련 양은 평양미술종합대학에서 현대미술을 전공하는 새내기 대학생이다. 우리 대학생과 다를 바 없는 앳되고 생기 있는 외모에 약간 수줍어하는 기색이 느껴졌다. 그러면서도 자기의 생각과 주장은 뚜렷하게 밝혔다.

평양에서 내가 놀란 것 중 하나는 젊은이들의 정신력이 우리가 아는 것보다 훨씬 더 굳건하다는 것이다. 계속되어온 경제제재 상황에서도 자신들의 미래를 어둡게 전망하는 젊은이들은 없었다. 미국과 대등하게 협상해 한반도에 평화가 완벽히 보장되면 자신들은 더욱 풍족한 삶의 터전을 마련할 수 있다는 자신감을 드러내곤 했다.

나는 이번 평양 취재에서 많은 학생과 젊은이들을 만났고 그들의 일상을 카메라에 담았다. 카메라를 보고 고개를 돌리거나 자신이 찍힌 사진을 삭제해달라고 요구하는 어린 학생도 있었고, 주위 시선에 상관없이 친구들과 어울리거나 취미생활을 하며 즐거운 일상을 보내는 젊은이들도 있었다. 젊은 남녀가 데이트하는 모습은 평양 시내 어디에서나 쉽게 볼 수 있었다. 평범하고 자연스러운 그 모습들을 보면서 내 머릿속에 떠오른 생각은 단 하나이다.

'평화가 소중하다.'

지구상에 단 하나 남은 분단국가, 한반도.

최근 급속히 전개되는 평화 분위기 속에서도 한반도에서 전쟁의 공포가 완전히 사라졌다고 장담할 수 있는 사람은 아직 아무도 없다. 젊은이들이 자유롭게 자신의 꿈과 포부를 펼치고 젊은 연인들이 전쟁에 대한 공포나 불안 없이 미래를 계획할 수 있는 사회를 만드는 것. 이 당연하면서도 쉽지 않은 과제가 우리에게 남아 있다.

― 카메라 시선 ―

인민을 위하여 복무함!
정치구호와 선전문구

평양 시내에는 사회주의 국가 특유의 정치구호와 선전문구가 많이 눈에 띈다. 더구나 상업 광고판이 거의 없기 때문에 이런 문구들이 도시의 외관을 특징짓는 중요한 요소가 된다. 앞에서도 언급했듯이 북녘에서는 시선을 끌 만한 중요한 위치에는 이런 구호들이 붙어 있다.

가장 많이 눈에 띈 문구는 '계속혁신 계속전진'이다. 이는 김일성 주석 당시부터 사용해온 것인데, 현재까지 끊임없이 사용하면서 혁신하고 전진하기를 강조하고 있다. 김일성종합대학 앞에 설치돼 있는 '자기 땅에 발을 붙이고 눈은 세계를 보라!'라는 문구는 김정일 국방위원장이 김일성종합대학에 전달한 것으로, 자기 것을 버리지 않고 혁신적인 문명국가를 이루어내겠다는 의지를 표명한 것이다. 이와 더불어 '인민경제의 자립성' 같은 문구도 많이 보였다. '불패의 핵강국' 같은 문구로 핵 무력을 완성했다는 자신감을 드러내기도 했다.

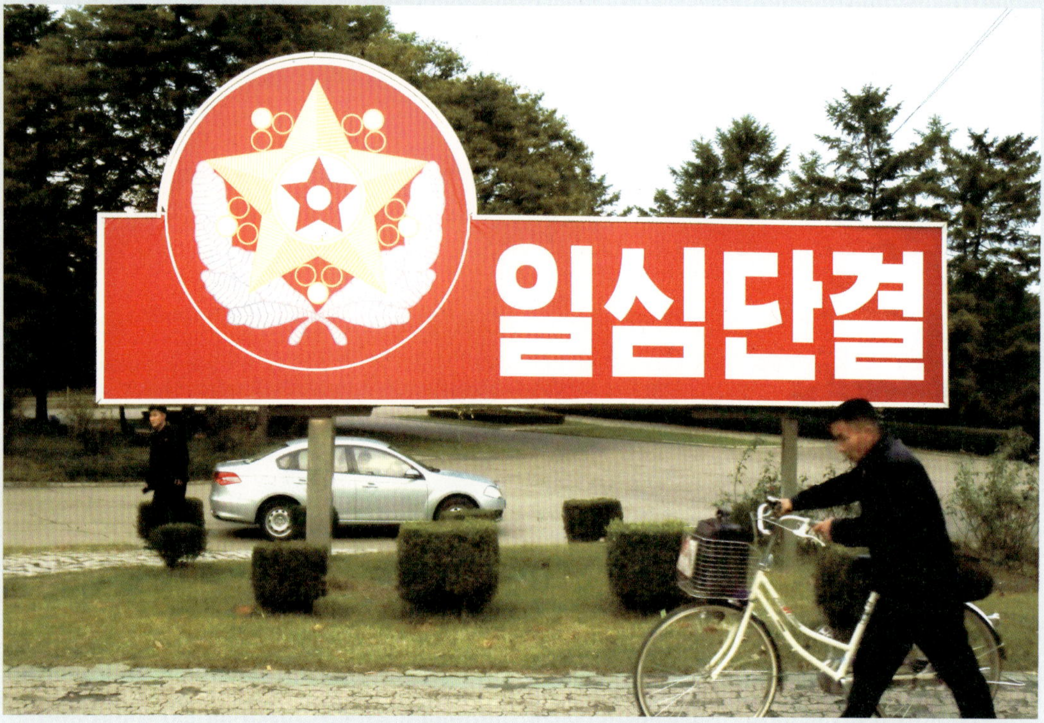
일심단결

자기 땅에 발을 붙이고 눈은 세계를 보라!

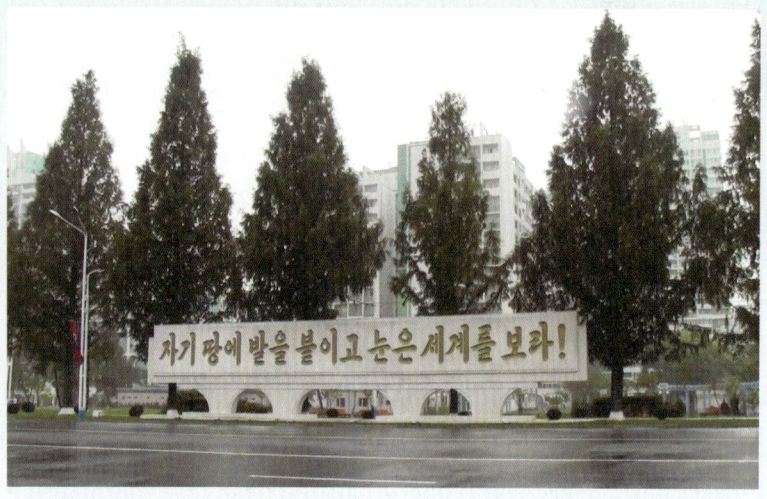

| 에필로그 |

나는 지금 평양 중구역 대동강 옆에 위치한 평양호텔 5층 방에서 이 글을 쓰고 있다. 에필로그를 서울에 있는 출판사로 보내면 그동안 진행해오던 책이 마감된다. 이 책은 평양에서 서울에 있는 출판사와 이메일로 '실시간'으로 소통하며 마무리했다. '평양의 시간은 서울의 시간과 함께 흐른다'는 사실을 다시 한 번 실감하게 된다.

2018년 6월 22일 서울을 출발, 23일에 이곳 평양에 도착했다. 불과 8개월 동안 네 번째 평양 방문이다. 작년 10월 처음 북녘에 왔을 때에 비하면 상상할 수조차 없는 빠른 속도로 남북관계와 북미관계가 진전되고 있다. 싱가포르에서 6·12 북미회담이 성공리에 마무리되고 후속 작업들이 진행 중이어서 이곳 평양의 분위기도 많이 고무되어 있는 듯하다.

지금 우리의 결정이 옳은지, 어떤 길로 나아가는 것이 바람직한지는 후대와 역사가 평가할 것이다. 우리는 현 상황에서 우리가 옳다고 믿는 것을 선택하고 그 길로 당당하게 걸어갈 뿐이다.

지금 이 순간, 내 꿈은 오직 하나, 남과 북이 하나가 되는 것이다. 그리고 그 출발점에 문화적 통일이 있다고 믿는다. 이 목표를 위해 나는 '통일TV'를 준비하고 있다. 통일TV는 어떠한 체제나 주의주장과는 무관한, 남과 북이 모두 편안하게 즐길 수 있는 역사물(임진왜란, 임꺽정, 계월향 등 우리가 내용을 알고 있는 역사드라마), 자연 다큐멘터리(백두산의 사계, 금강산의 동·식물, 칠보산의 해칠보와 내칠보 탐방 등 많은 제작물), 음식 관련 프로그램 등을 제작·방영하는 케이블채널 전문 방송사이다. 이러한 영상물을 함께 보면서 서로 동질감을 느끼고, 다름을 인정하면서 점차 거리를 좁혀나가다 보면 자연스럽게 남과 북이 다시 하나가 될 수 있다고 생각한다.

지난 70년 동안 남과 북은 둘로 갈라져 서로 다른 체제와 문화 환경 속에서 살아왔다. 이미 두 세대 이상의 세월이 흘러, 겉모습은 같을지 모르지만 생각하고 느끼고 향유하는 문화는 미묘하게 달라져버린 것이 사실이다. 이 거리를 조금씩이라도 좁히는 것이야말로 남과 북이 하나 되는 출발점이자 마지막 관문이라고 생각한다.

4·27 판문점회담에서 김정은 국무위원장은 "북과 남의 시간부터 먼저 통일하자"고 했고, 이에 따라 30분 차이가 나던 평양의 시간이 서울의 시간과 함께 흐르게 되었다. 이것이 가장 빨리, 손쉽게 할 수 있는 정치적 통일이라면 문화적 통일은 가장 미묘하고 오랜 시간이 걸리는 일일 것이다. 나는 이 일을 하루라도 빨리 시작해야 한다고 생각하고, 거기에 불쏘시개가 되겠다는 마음으로 조금이나마 힘을 보태고 싶다.

물리적 통일은 후대에서 할 일로 남겨두고, 젊은이들도 함께 참여할 수 있는 경제적 교류부터 시작해나가는 것이 좋은 방법이라고 생각한다. 남과 북에 흩어진 가족들이 더 늦기 전에 만날 수 있도록 하고, 더 나아가 서로가 원하는 곳에서 함께 살게 하는 것도 인도적으로 바람직한 일일 것이다. 북미협상의 원만한 타결로 한반도에 완전한 평화가 보장되면 자연스럽게 경제교류가 활성화될 것이다.

2018년 7월, 내가 머무는 평양에도 장맛비가 이어지고 있다. 대동강 위에 수없이 떨어지는 빗방울이 마치 통일을 바라는 수많은 사람들의 염원처럼 느껴진다. 낭림산맥에서 흘러나와 평양을 적시고 대동강에서 빗방울과 섞인 이 물줄기는 남포를 지나 서해로 흘러간다. 그리고 다시 해류를 따라 일부는 인천 앞바다로, 또 일부는 태안반도를 거쳐 남쪽으로 내려갈 것이다. 모두 하나가 되는 것이다.

지금 우리도 하나가 될 준비를 쌓아나가고 있다. 수많은 사람들의 염원이 모여 큰 물결이 되고, 그 물결이 힘 있게 흘러 한반도 구석구석을 적시고, 다시는 거스를 수 없는 거대한 흐름이 될 수 있도록, 그래서 완전한 하나가 될 수 있도록 준비해나가고 있다. 이 책이 그 실마리가 되면 좋겠다.

마침 어제 남북 친선 농구대회를 열기 위해 남쪽에서 선수들이 이곳 평양에 도착했다. 판문점 회담의 후속 조치로 체육교류가 가장 먼저 이뤄진 것이다. 다행이다.

이렇게 오가야 한다. 만나야 한다. 그래서 벽을 허물고 마음을 열어야 한다. 이것이 통일의 시작 아니겠는가?

이렇게 쉽게 변화하는 것을 어떤 이들은 경계하고 있으리라. 하지만 지난 70여 년간 경계와 갈등을 반복한 결과 우리는 서로 무엇을 얻었는가? 이제 누구나 서울에서 대동강맥주로 건배하고 옥류관 냉면을 먹고, 평양에서 전주비빔밥과 부산 돼지국밥을 먹는 날이 와야 한다.

2018년 7월 4일
대동강이 내려다보이는 평양호텔 5층에서
진천규

2018년 7월 4일,
평양 류경정주영경기장에서 열린
남북통일농구대회

〈부록〉

남북 간 주요 합의문

- 남북공동성명 (1972. 7. 4)
- 남북 사이의 화해와 불가침 및 교류협력에 관한 합의서 (1991. 12. 13)
- 남북공동선언 (2000. 6. 15)
- 남북관계 발전과 평화번영을 위한 선언 (2007. 10. 4)
- 한반도의 평화와 번영, 통일을 위한 판문점 선언 (2018. 4. 27)
- 9월 평양공동선언 (2018. 9. 19)
- 역사적인 〈판문점 선언〉 이행을 위한 군사분야 합의서 (2018. 9. 19)

지금까지 남북한 사이의 정치 및 군사, 교류 협력을 위한 합의문서 중에서
가장 기본이 되는 일곱 개의 주요 합의문을 소개한다.

남북공동성명
(1972. 7. 4)

　　최근 평양과 서울에서 남북관계를 개선하며 갈라진 조국을 통일하는 문제를 협의하기 위한 회담이 있었다.

　　서울의 이후락 중앙정보부장이 1972년 5월 2일부터 5월 5일까지 평양을 방문하여 평양의 김영주 조직지도부장과 회담을 진행하였으며, 김영주 부장을 대신한 박성철 제2부수상이 1972년 5월 29일부터 6월 1일까지 서울을 방문하여 이후락 부장과 회담을 진행하였다.

　　이 회담들에서 쌍방은 조국의 평화적 통일을 하루 빨리 가져와야 한다는 공통된 염원을 안고 허심탄회하게 의견을 교환하였으며 서로의 이해를 증진시키는 데서 큰 성과를 거두었다.

　　이 과정에서 쌍방은 오랫동안 서로 만나보지 못한 결과로 생긴 남북 사이의 오해와 불신을 풀고 긴장의 고조를 완화시키며 나아가서 조국통일을 촉진시키기 위하여 다음과 같은 문제들에 완전한 견해의 일치를 보았다.

1. 쌍방은 다음과 같은 조국통일원칙들에 합의를 보았다.
　　첫째, 통일은 외세에 의존하거나 외세의 간섭을 받음이 없이 자주적으로 해결하여야 한다.
　　둘째, 통일은 서로 상대방을 반대하는 무력행사에 의거하지 않고 평화적 방법으로 실현하여야 한다.

셋째, 사상과 이념·제도의 차이를 초월하여 우선 하나의 민족으로서 민족적 대단결을 도모하여야 한다.

2. 쌍방은 남북 사이의 긴장상태를 완화하고 신뢰의 분위기를 조성하기 위하여 서로 상대방을 중상 비방하지 않으며 크고 작은 것을 막론하고 무장도발을 하지 않으며 불의의 군사적 충돌사건을 방지하기 위한 적극적인 조치를 취하기로 합의하였다.

3. 쌍방은 끊어졌던 민족적 연계를 회복하며 서로의 이해를 증진시키고 자주적 평화통일을 촉진시키기 위하여 남북 사이에 다방면적인 제반교류를 실시하기로 합의하였다.

4. 쌍방은 지금 온 민족의 거대한 기대 속에 진행되고 있는 남북적십자회담이 하루빨리 성사되도록 적극 협조하는 데 합의하였다.

5. 쌍방은 돌발적 군사사고를 방지하고 남북 사이에 제기되는 문제들을 직접, 신속 정확히 처리하기 위하여 서울과 평양 사이에 상설 직통전화를 놓기로 합의하였다.

6. 쌍방은 이러한 합의사항을 추진시킴과 함께 남북 사이의 제반문제를 개선 해결하며 또 합의된 조국통일원칙에 기초하여 나라의 통일문제를 해결할 목적으로 이후락 부장과 김영주 부장을 공동위원장으로 하는 남북

조절위원회를 구성·운영하기로 합의하였다.

7. 쌍방은 이상의 합의사항이 조국통일을 일일천추로 갈망하는 온 겨레의 한결같은 염원에 부합된다고 확신하면서 이 합의사항을 성실히 이행할 것을 온 민족 앞에 엄숙히 약속한다.

서로 상부의 뜻을 받들어

이후락　　　　　김영주

1972년 7월 4일

남북 사이의 화해와 불가침 및
교류협력에 관한 합의서
(1991. 12. 13)

    남과 북은 분단된 조국의 평화적 통일을 염원하는 온 겨레의 뜻에 따라 7·4 남북공동성명에서 천명된 조국통일 3대원칙을 재확인하고, 정치군사적 대결상태를 해소하여 민족적 화해를 이룩하고, 무력에 의한 침략과 충돌을 막고 긴장완화와 평화를 보장하며, 다각적인 교류. 협력을 실현하여 민족공동의 이익과 번영을 도모하며, 쌍방 사이의 관계가 나라와 나라 사이의 관계가 아닌 통일을 지향하는 과정에서 잠정적으로 형성되는 특수관계라는 것을 인정하고 평화통일을 성취하기 위한 공동의 노력을 경주할 것을 다짐하면서 다음과 같이 합의하였다.

제1장 남북 화해

제1조 남과 북은 서로 상대방의 체제를 인정하고 존중한다.
제2조 남과 북은 상대방의 내부문제에 간섭하지 아니한다.
제3조 남과 북은 상대방에 대한 비방·중상을 하지 아니한다.
제4조 남과 북은 상대방을 파괴·전복하려는 일체 행위를 하지 아니한다.
제5조 남과 북은 현 정전 상태를 남북 사이의 공고한 평화상태로 전환시키기 위하여 공동으로 노력하며 이러한 평화상태가 이룩될 때까

지 현 군사 정전협정을 준수한다.

제6조　남과 북은 국제무대에서 대결과 경쟁을 중지하고 서로 협력하며 민족의 존엄과 이익을 위하여 공동으로 노력한다.

제7조　남과 북은 서로의 긴밀한 연락과 협의를 위하여 이 합의서 발효 후 3개월 안에 판문점에 남북연락사무소를 설치·운영한다.

제8조　남과 북은 이 합의서 발효 후 1개월 안에 본회담 테두리 안에서 남북 정치 분과 위원회를 구성하여 남북화해에 관한 합의의 이행과 준수를 위한 구체적 대책을 협의한다.

제2장 남북 불가침

제9조　남과 북은 상대방에 대하여 무력을 사용하지 않으며 상대방을 무력으로 침략하지 아니한다.

제10조　남과 북은 의견대립과 분쟁문제들을 대화와 협상을 통하여 평화적으로 해결한다.

제11조　남과 북의 불가침 경계선과 구역은 1953년 7월 27일자 군사정전에 관한 협정에 규정된 군사분계선과 지금까지 쌍방이 관할하여 온 구역으로 한다.

제12조　남과 북은 불가침의 이행과 보장을 위하여 이 합의서 발효 후 3개월 안에 남북 군사 공동위원회를 구성·운영한다. 남북군사 공동위원회에서는 대규모 부대이동과 군사 연습의 통보 및 통제문제, 비무장지대의 평화적 이용문제, 군 인사 교류 및 정보교환 문제, 대량살상무기와 공격능력의 제거를 비롯한 단계적 군축 실현문

제, 검증문제 등 군사적 신뢰조성과 군축을 실현하기 위한 문제를 협의·추진한다.

제13조 남과 북은 우발적인 무력충돌과 그 확대를 방지하기 위하여 쌍방 군사당국자 사이에 직통 전화를 설치·운영한다.

제14조 남과 북은 이 합의서 발효 후 1개월 안에 본회담 테두리 안에서 남북 군사 분과위원회를 구성하여 불가침에 관한 합의의 이행과 준수 및 군사적 대결상태를 해소하기 위한 구체적 대책을 협의한다.

제3장 남북교류 협력

제15조 남과 북은 민족경제의 통일적이며 균형적인 발전과 민족 전체의 복리향상을 도모하기 위하여 자원의 공동개발, 민족 내부 교류로서의 물자교류, 합작투자 등 경제교류와 협력을 실시한다.

제16조 남과 북은 과학·기술, 교육, 문화·예술, 보건, 체육, 환경과 신문, 라디오, 텔레비전 및 출판물을 비롯한 출판·보도 등 여러 분야에서 교류와 협력을 실시한다.

제17조 남과 북은 민족구성원들의 자유로운 왕래와 접촉을 실현한다.

제18조 남과 북은 흩어진 가족·친척들의 자유로운 서신거래와 왕래와 상봉 및 방문을 실시하고 자유의사에 의한 재결합을 실현하며, 기타 인도적으로 해결할 문제에 대한 대책을 강구한다.

제19조 남과 북은 끊어진 철도와 도로를 연결하고 해로, 항로를 개설한다.

제20조 남과 북은 우편과 전기통신교류에 필요한 시설을 설치·연결하며,

우편·전기통신 교류의 비밀을 보장한다.

제21조 남과 북은 국제무대에서 경제와 문화 등 여러 분야에서 서로 협력하며 대외에 공동으로 진출한다.

제22조 남과 북은 경제와 문화 등 각 분야의 교류와 협력을 실현하기 위한 합의의 이행을 위하여 이 합의서 발효 후 3개월 안에 남북 경제교류·협력 공동위원회를 비롯한 부문별 공동위원회들을 구성·운영한다.

제23조 남과 북은 이 합의서 발효 후 1개월 안에 본회담 테두리 안에서 남북교류·협력분과 위원회를 구성하여 남북교류·협력에 관한 합의의 이행과 준수를 위한 구체적 대책을 협의한다.

제4장 수정 및 발효

제24조 이 합의서는 쌍방의 합의에 의하여 수정·보충할 수 있다.

제25조 이 합의서는 남과 북이 각기 발효에 필요한 절차를 거쳐 그 문본을 서로 교환한 날부터 효력을 발생한다.

1991년 12월 13일

남북 고위급회담	북남 고위급회담
남측 대표단 수석대표	북측 대표단 단 장
대 한 민 국	조선민주주의인민공화국
국무총리 정원식	정무원 총리 연형묵

남북공동선언
(2000. 6. 15)

　조국의 평화적 통일을 염원하는 온 겨레의 숭고한 뜻에 따라 대한민국 김대중 대통령과 조선민주주의인민공화국 김정일 국방위원장은 2000년 6월 13일부터 6월 15일까지 평양에서 역사적인 상봉을 하였으며 정상회담을 가졌다.
　남북 정상들은 분단 역사상 처음으로 열린 이번 상봉과 회담이 서로 이해를 증진시키고 남북 관계를 발전시키며 평화통일을 실현하는 데 중대한 의의를 가진다고 평가하고 다음과 같이 선언한다.

　1. 남과 북은 나라의 통일문제를 그 주인인 우리 민족끼리 서로 힘을 합쳐 자주적으로 해결해 나가기로 하였다.

　2. 남과 북은 나라의 통일을 위한 남측의 연합제 안과 북측의 낮은 단계의 연방제 안이 서로 공통성이 있다고 인정하고 앞으로 이 방향에서 통일을 지향시켜 나가기로 하였다.

　3. 남과 북은 올해 8·15에 즈음하여 흩어진 가족, 친척 방문단을 교환하며, 비전향 장기수 문제를 해결하는 등 인도적 문제를 조속히 풀어 나가기

로 하였다.

4. 남과 북은 경제협력을 통하여 민족경제를 균형적으로 발전시키고, 사회, 문화, 체육, 보건, 환경 등 제반 분야의 협력과 교류를 활성화하여 서로의 신뢰를 다져 나가기로 하였다.

5. 남과 북은 이상과 같은 합의사항을 조속히 실천에 옮기기 위하여 빠른 시일 안에 당국 사이의 대화를 개최하기로 하였다.
   김대중 대통령은 김정일 국방위원장이 서울을 방문하도록 정중히 초청하였으며, 김정일 국방위원장은 앞으로 적절한 시기에 서울을 방문하기로 하였다.

2000년 6월 15일

대 한 민 국	조선민주주의인민공화국
대 통 령	국 방 위 원 장
김 대 중	김 정 일

남북관계 발전과
평화번영을 위한 선언
(2007. 10. 4)

대한민국 노무현 대통령과 조선민주주의인민공화국 김정일 국방위원장 사이의 합의에 따라 노무현 대통령이 2007년 10월 2일부터 4일까지 평양을 방문하였다.

방문 기간 중 역사적인 상봉과 회담들이 있었다.

상봉과 회담에서는 6·15공동선언의 정신을 재확인하고 남북 관계 발전과 한반도 평화, 민족공동의 번영과 통일을 실현하는 데 따른 제반 문제들을 허심탄회하게 협의하였다.

쌍방은 우리 민족끼리 뜻과 힘을 합치면 민족번영의 시대, 자주 통일의 새 시대를 열어 나갈 수 있다는 확신을 표명하면서 6·15공동선언에 기초하여 남북 관계를 확대·발전시켜 나가기 위하여 다음과 같이 선언한다.

1. 남과 북은 6·15 공동선언을 고수하고 적극 구현해 나간다.

   남과 북은 우리 민족끼리 정신에 따라 통일문제를 자주적으로 해결해 나가며 민족의 존엄과 이익을 중시하고 모든 것을 이에 지향시켜 나가기로 하였다.

   남과 북은 6·15공동선언을 변함없이 이행해 나가려는 의지를 반영하여 6월 15일을 기념하는 방안을 강구하기로 하였다.

2. 남과 북은 사상과 제도의 차이를 초월하여 남북 관계를 상호 존중과 신뢰 관계로 확고히 전환시켜 나가기로 하였다.

    남과 북은 내부 문제에 간섭하지 않으며 남북 관계 문제들을 화해와 협력, 통일에 부합되게 해결해 나가기로 하였다.

    남과 북은 남북 관계를 통일 지향적으로 발전시켜 나가기 위하여 각기 법률적·제도적 장치들을 정비해 나가기로 하였다.

    남과 북은 남북 관계 확대와 발전을 위한 문제들을 민족의 염원에 맞게 해결하기 위해 양측 의회 등 각 분야의 대화와 접촉을 적극 추진해 나가기로 하였다.

3. 남과 북은 군사적 적대관계를 종식시키고 한반도에서 긴장완화와 평화를 보장하기 위해 긴밀히 협력하기로 하였다.

    남과 북은 서로 적대시하지 않고 군사적 긴장을 완화하며 분쟁 문제들을 대화와 협상을 통하여 해결하기로 하였다.

    남과 북은 한반도에서 어떤 전쟁도 반대하며 불가침 의무를 확고히 준수하기로 하였다.

    남과 북은 서해에서의 우발적 충돌 방지를 위해 공동어로수역을 지정하고 이 수역을 평화수역으로 만들기 위한 방안과 각종 협력 사업에 대한 군사적 보장 조치 문제 등 군사적 신뢰 구축 조치를 협의하기 위하여 남측 국방부 장관과 북측 인민무력부 부장 간 회담을 금년 11월 중에 평양에서 개최하기로 하였다.

4. 남과 북은 현 정전체제를 종식시키고 항구적인 평화체제를 구축해 나가

야 한다는 데 인식을 같이하고 직접 관련된 3자 또는 4자 정상들이 한반도 지역에서 만나 종전을 선언하는 문제를 추진하기 위해 협력해 나가기로 하였다.

남과 북은 한반도 핵문제 해결을 위해 6자 회담 9·19 공동성명과 2·13 합의가 순조롭게 이행되도록 공동으로 노력하기로 하였다.

5. 남과 북은 민족경제의 균형적 발전과 공동의 번영을 위해 경제협력 사업을 공리공영과 유무상통의 원칙에서 적극 활성화하고 지속적으로 확대 발전시켜 나가기로 하였다.

남과 북은 경제협력을 위한 투자를 장려하고 기반 시설 확충과 자원 개발을 적극 추진하며 민족 내부 협력 사업의 특수성에 맞게 각종 우대조건과 특혜를 우선적으로 부여하기로 하였다.

남과 북은 해주 지역과 주변 해역을 포괄하는 서해평화협력특별지대를 설치하고 공동어로구역과 평화수역 설정, 경제특구 건설과 해주항 활용, 민간선박의 해주 직항로 통과, 한강하구 공동 이용 등을 적극 추진해 나가기로 하였다.

남과 북은 개성공업지구 1단계 건설을 빠른 시일 안에 완공하고 2단계 개발에 착수하며 문산-봉동 간 철도화물 수송을 시작하고, 통행 통신 통관 문제를 비롯한 제반 제도적 보장 조치들을 조속히 완비해 나가기로 하였다.

남과 북은 개성-신의주 철도와 개성-평양 고속도로를 공동으로 이용하기 위해 개보수 문제를 협의·추진해 가기로 하였다.

남과 북은 안변과 남포에 조선 협력 단지를 건설하며 농업, 보건의료, 환경보호 등 여러 분야에서의 협력 사업을 진행해 나가기로 하였다.

남과 북은 남북 경제협력 사업의 원활한 추진을 위해 현재의 남북 경제협력 추진 위원회를 부총리급 남북 경제협력 공동위원회로 격상하기로 하였다.

6. 남과 북은 민족의 유구한 역사와 우수한 문화를 빛내기 위해 역사, 언어, 교육, 과학기술, 문화예술, 체육 등 사회문화 분야의 교류와 협력을 발전시켜 나가기로 하였다.

남과 북은 백두산 관광을 실시하며 이를 위해 백두산-서울 직항로를 개설하기로 하였다.

남과 북은 2008년 북경 올림픽경기 대회에 남북 응원단이 경의선 열차를 처음으로 이용하여 참가하기로 하였다.

7. 남과 북은 인도주의 협력 사업을 적극 추진해 나가기로 하였다.

남과 북은 흩어진 가족과 친척들의 상봉을 확대하며 영상 편지 교환사업을 추진하기로 하였다.

이를 위해 금강산 면회소가 완공되는 데 따라 쌍방 대표를 상주시키고 흩어진 가족과 친척의 상봉을 상시적으로 진행하기로 하였다.

남과 북은 자연재해를 비롯하여 재난이 발생하는 경우 동포애와 인도주의, 상부상조의 원칙에 따라 적극 협력해 나가기로 하였다.

8. 남과 북은 국제무대에서 민족의 이익과 해외 동포들의 권리와 이익을 위한 협력을 강화해 나가기로 하였다

남과 북은 이 선언의 이행을 위하여 남북 총리회담을 개최하기로 하고, 제1차 회의를 금년 11월 중 서울에서 갖기로 하였다.

남과 북은 남북 관계 발전을 위해 정상들이 수시로 만나 현안 문제들을 협의하기로 하였다.

2007년 10월 4일

평양

대 한 민 국	조선민주주의인민공화국
대 통 령	국 방 위 원 장
노 무 현	김 정 일

한반도의 평화와 번영,
통일을 위한 판문점 선언
(2018. 4. 27)

　대한민국 문재인 대통령과 조선민주주의인민공화국 김정은 국무위원장은 평화와 번영, 통일을 염원하는 온 겨레의 한결같은 지향을 담아 한반도에서 역사적인 전환이 일어나고 있는 뜻 깊은 시기에 2018년 4월 27일 판문점 평화의 집에서 남북정상회담을 진행하였다. 양 정상은 한반도에 더 이상 전쟁은 없을 것이며 새로운 평화의 시대가 열리었음을 8천만 우리 겨레와 전 세계에 엄숙히 천명하였다. 양 정상은 냉전의 산물인 오랜 분단과 대결을 하루빨리 종식시키고 민족적 화해와 평화번영의 새로운 시대를 과감하게 열어나가며 남북관계를 보다 적극적으로 개선하고 발전시켜 나가야 한다는 확고한 의지를 담아 역사의 땅 판문점에서 다음과 같이 선언하였다.

1. 남과 북은 남북 관계의 전면적이며 획기적인 개선과 발전을 이룩함으로써 끊어진 민족의 혈맥을 잇고 공동번영과 자주통일의 미래를 앞당겨 나갈 것이다. 남북관계를 개선하고 발전시키는 것은 온 겨레의 한결같은 소망이며 더 이상 미룰 수 없는 시대의 절박한 요구이다.

   ① 남과 북은 우리 민족의 운명은 우리 스스로 결정한다는 민족 자주의 원칙을 확인하였으며 이미 채택된 남북 선언들과 모든 합의들을 철저

히 이행함으로써 관계 개선과 발전의 전환적 국면을 열어나가기로 하였다.

② 남과 북은 고위급 회담을 비롯한 각 분야의 대화와 협상을 빠른 시일 안에 개최하여 정상회담에서 합의된 문제들을 실천하기 위한 적극적인 대책을 세워나가기로 하였다.

③ 남과 북은 당국 간 협의를 긴밀히 하고 민간교류와 협력을 원만히 보장하기 위하여 쌍방 당국자가 상주하는 남북공동연락사무소를 개성지역에 설치하기로 하였다.

④ 남과 북은 민족적 화해와 단합의 분위기를 고조시켜 나가기 위하여 각계각층의 다방면적인 협력과 교류 왕래와 접촉을 활성화하기로 하였다.
안으로는 6·15를 비롯하여 남과 북에 다 같이 의의가 있는 날들을 계기로 당국과 국회, 정당, 지방자치단체, 민간단체 등 각계각층이 참가하는 민족공동행사를 적극 추진하여 화해와 협력의 분위기를 고조시키며, 밖으로는 2018년 아시아경기대회를 비롯한 국제경기들에 공동으로 진출하여 민족의 슬기와 재능, 단합된 모습을 전 세계에 과시하기로 하였다.

⑤ 남과 북은 민족 분단으로 발생된 인도적 문제를 시급히 해결하기 위하여 노력하며, 남북 적십자회담을 개최하여 이산가족·친척상봉을 비

롯한 제반 문제들을 협의 해결해 나가기로 하였다. 당면하여 오는 8·15를 계기로 이산가족·친척 상봉을 진행하기로 하였다.

⑥ 남과 북은 민족경제의 균형적 발전과 공동번영을 이룩하기 위하여 10·4선언에서 합의된 사업들을 적극 추진해 나가며 1차적으로 동해선 및 경의선 철도와 도로들을 연결하고 현대화하여 활용하기 위한 실천적 대책들을 취해나가기로 하였다.

2. 남과 북은 한반도에서 첨예한 군사적 긴장상태를 완화하고 전쟁 위험을 실질적으로 해소하기 위하여 공동으로 노력해 나갈 것이다.

① 남과 북은 지상과 해상, 공중을 비롯한 모든 공간에서 군사적 긴장과 충돌의 근원으로 되는 상대방에 대한 일체의 적대행위를 전면 중지하기로 하였다. 당면하여 5월 1일부터 군사분계선 일대에서 확성기 방송과 전단살포를 비롯한 모든 적대 행위들을 중지하고 그 수단을 철폐하며 앞으로 비무장지대를 실질적인 평화지대로 만들어 나가기로 하였다.

② 남과 북은 서해 북방한계선 일대를 평화수역으로 만들어 우발적인 군사적 충돌을 방지하고 안전한 어로 활동을 보장하기 위한 실제적인 대책을 세워나가기로 하였다.

③ 남과 북은 상호협력과 교류, 왕래와 접촉이 활성화되는 데 따른 여러

가지 군사적 보장대책을 취하기로 하였다. 남과 북은 쌍방 사이에 제기되는 군사적 문제를 지체 없이 협의 해결하기 위하여 국방부장관회담을 비롯한 군사당국자회담을 자주 개최하며 5월 중에 먼저 장성급 군사회담을 열기로 하였다.

3. 남과 북은 한반도의 항구적이며 공고한 평화체제 구축을 위하여 적극 협력해나갈 것이다. 한반도에서 비정상적인 현재의 정전상태를 종식시키고 확고한 평화체제를 수립하는 것은 더 이상 미룰 수 없는 역사적 과제이다.

① 남과 북은 그 어떤 형태의 무력도 서로 사용하지 않을 데 대한 불가침 합의를 재확인하고 엄격히 준수해나가기로 하였다.

② 남과 북은 군사적 긴장이 해소되고 서로의 군사적 신뢰가 실질적으로 구축되는 데 따라 단계적으로 군축을 실현해나가기로 하였다.

③ 남과 북은 정전협정체결 65년이 되는 올해에 종전을 선언하고 정전협정을 평화협정으로 전환하며 항구적이고 공고한 평화체제 구축을 위한 남·북·미 3자 또는 남·북·미·중 4자회담 개최를 적극 추진해나가기로 하였다.

④ 남과 북은 완전한 비핵화를 통해 핵 없는 한반도를 실현한다는 공동의 목표를 확인하였다. 남과 북은 북측이 취하고 있는 주동적인 조치

들이 한반도 비핵화를 위해 대단히 의의 있고 중대한 조치라는 데 인식을 같이 하고 앞으로 각기 자기의 책임과 역할을 다하기로 하였다. 남과 북은 한반도 비핵화를 위한 국제사회의 지지와 협력을 위해 적극 노력하기로 하였다.

양 정상은 정기적인 회담과 직통전화를 통하여 민족의 중대사를 수시로 진지하게 논의하고 신뢰를 굳건히 하며, 남북관계의 지속적인 발전과 한반도의 평화와 번영, 통일을 향한 좋은 흐름을 더욱 확대해나가기 위하여 함께 노력하기로 하였다.

당면하여 문재인 대통령은 올해 가을 평양을 방문하기로 하였다.

2018년 4월 27일

판문점

대 한 민 국	조선민주주의인민공화국
대 통 령	국 무 위 원 회 위 원 장
문 재 인	김 정 은

9월 평양공동선언
(2018. 9. 19)

　대한민국 문재인 대통령과 조선민주주의인민공화국 김정은 국무위원장은 2018년 9월 18일부터 20일까지 평양에서 남북정상회담을 진행하였다.

　양 정상은 역사적인 판문점선언 이후 남북 당국간 긴밀한 대화와 소통, 다방면적 민간교류와 협력이 진행되고, 군사적 긴장완화를 위한 획기적인 조치들이 취해지는 등 훌륭한 성과들이 있었다고 평가하였다.

　양 정상은 민족자주와 민족자결의 원칙을 재확인하고, 남북관계를 민족적 화해와 협력, 확고한 평화와 공동번영을 위해 일관되고 지속적으로 발전시켜 나가기로 하였으며, 현재의 남북관계 발전을 통일로 이어갈 것을 바라는 온 겨레의 지향과 여망을 정책적으로 실현하기 위하여 노력해 나가기로 하였다.

　양 정상은 판문점선언을 철저히 이행하여 남북관계를 새로운 높은 단계로 진전시켜 나가기 위한 제반 문제들과 실천적 대책들을 허심탄회하고 심도있게 논의하였으며, 이번 평양정상회담이 중요한 역사적 전기가 될 것이라는데 인식을 같이 하고 다음과 같이 선언하였다.

1. 남과 북은 비무장지대를 비롯한 대치지역에서의 군사적 적대관계 종식을 한반도 전 지역에서의 실질적인 전쟁위험 제거와 근본적인 적대관계 해소로 이어나가기로 하였다.

　① 남과 북은 이번 평양정상회담을 계기로 체결한 〈판문점선언 군사 분야 이행합의서〉를 평양공동선언의 부속합의서로 채택하고 이를 철저히 준수하고 성실히 이행하며, 한반도를 항구적인 평화지대로 만들기 위한 실천적 조치들을 적극 취해나가기로 하였다.

　② 남과 북은 남북군사공동위원회를 조속히 가동하여 군사 분야 합의서의 이행실태를 점검하고 우발적 무력충돌 방지를 위한 상시적 소통과 긴밀한 협의를 진행하기로 하였다.

2. 남과 북은 상호호혜와 공리공영의 바탕위에서 교류와 협력을 더욱 증대시키고, 민족경제를 균형적으로 발전시키기 위한 실질적인 대책들을 강구해나가기로 하였다.

　① 남과 북은 금년내 동, 서해선 철도 및 도로 연결을 위한 착공식을 갖기로 하였다.

　② 남과 북은 조건이 마련되는 데 따라 개성공단과 금강산관광 사업을 우선 정상화하고, 서해경제공동특구 및 동해관광공동특구를 조성하는 문제를 협의해나가기로 하였다.

③ 남과 북은 자연생태계의 보호 및 복원을 위한 남북 환경협력을 적극 추진하기로 하였으며, 우선적으로 현재 진행 중인 산림분야 협력의 실천적 성과를 위해 노력하기로 하였다.

④ 남과 북은 전염성 질병의 유입 및 확산 방지를 위한 긴급조치를 비롯한 방역 및 보건·의료 분야의 협력을 강화하기로 하였다.

3. 남과 북은 이산가족 문제를 근본적으로 해결하기 위한 인도적 협력을 더욱 강화해나가기로 하였다.

① 남과 북은 금강산 지역의 이산가족 상설면회소를 빠른 시일내 개소하기로 하였으며, 이를 위해 면회소 시설을 조속히 복구하기로 하였다.

② 남과 북은 적십자 회담을 통해 이산가족의 화상상봉과 영상편지 교환 문제를 우선적으로 해결해나가기로 하였다.

4. 남과 북은 화해와 단합의 분위기를 고조시키고 우리 민족의 기개를 내외에 과시하기 위해 다양한 분야의 협력과 교류를 적극 추진하기로 하였다.

① 10월 중에 평양예술단의 서울공연을 진행하기로 하였다.

② 남과 북은 2020년 하계올림픽경기대회를 비롯한 국제경기들에 공동

으로 적극 진출하며, 2032년 하계올림픽의 남북공동개최를 유치하는 데 협력하기로 하였다.

③ 남과 북은 10.4 선언 11주년을 뜻깊게 기념하기 위한 행사들을 의의 있게 개최하며, 3.1운동 100주년을 남북이 공동으로 기념하기로 하고, 그를 위한 실무적인 방안을 협의해나가기로 하였다.

5. 남과 북은 한반도를 핵무기와 핵위협이 없는 평화의 터전으로 만들어 나가야 하며 이를 위해 필요한 실질적인 진전을 조속히 이루어나가야 한다는 데 인식을 같이 하였다.

① 북측은 동창리 엔진시험장과 미사일 발사대를 유관국 전문가들의 참관 하에 우선 영구적으로 폐기하기로 하였다.

② 북측은 미국이 6.12 북미공동성명의 정신에 따라 상응조치를 취하면 영변 핵시설의 영구적 폐기와 같은 추가적인 조치를 계속 취해나갈 용의가 있음을 표명하였다.

③ 남과 북은 한반도의 완전한 비핵화를 추진해나가는 과정에서 함께 긴밀히 협력해나가기로 하였다.

6. 김정은 국무위원장은 문재인 대통령의 초청에 따라 가까운 시일 내로 서울을 방문하기로 하였다.

2018년 9월 19일

대 한 민 국　　　　　　조선민주주의인민공화국
　대 통 령　　　　　　　국무위원회 위원장
　문 재 인　　　　　　　　　김 정 은

역사적인 〈판문점선언〉 이행을 위한
군사분야 합의서
(2018. 9. 19)

　　남과 북은 한반도에서 군사적 긴장 상태를 완화하고 신뢰를 구축하는 것이 항구적이며 공고한 평화를 보장하는 데 필수적이라는 공통된 인식으로부터 〈한반도의 평화와 번영, 통일을 위한 판문점선언〉을 군사적으로 철저히 이행하기 위하여 다음과 같이 포괄적으로 합의하였다.

　1. 남과 북은 지상과 해상, 공중을 비롯한 모든 공간에서 군사적 긴장과 충돌의 근원으로 되는 상대방에 대한 일체의 적대행위를 전면 중지하기로 하였다.

　　① 쌍방은 지상과 해상, 공중을 비롯한 모든 공간에서 무력충돌을 방지하기 위해 다양한 대책을 강구하였다.
　　　쌍방은 군사적 충돌을 야기할 수 있는 모든 문제를 평화적 방법으로 협의·해결하며, 어떤 경우에도 무력을 사용하지 않기로 하였다.
　　　쌍방은 어떠한 수단과 방법으로도 상대방의 관할구역을 침입 또는 공격하거나 점령하는 행위를 하지 않기로 하였다.
　　　쌍방은 상대방을 겨냥한 대규모 군사훈련 및 무력증강 문제, 다양한 형태의 봉쇄·차단 및 항행방해 문제, 상대방에 대한 정찰행위 중지 문제 등에 대해 '남북군사공동위원회'를 가동하여 협의해 나가기로 하였다.

쌍방은 군사적 긴장 해소 및 신뢰구축에 따라 단계적 군축을 실현해 나가기로 합의한 〈판문점선언〉을 구현하기 위해 이와 관련된 다양한 실행 대책들을 계속 협의하기로 하였다.

② 쌍방은 2018년 11월 1일부터 군사분계선 일대에서 상대방을 겨냥한 각종 군사연습을 중지하기로 하였다.

지상에서는 군사분계선으로부터 5km 안에서 포병 사격훈련 및 연대급 이상 야외기동훈련을 전면 중지하기로 하였다.

해상에서는 서해 남측 덕적도 이북으로부터 북측 초도 이남까지의 수역, 동해 남측 속초 이북으로부터 북측 통천 이남까지의 수역에서 포사격 및 해상 기동훈련을 중지하고 해안포와 함포의 포구·포신 덮개 설치 및 포문폐쇄 조치를 취하기로 하였다.

공중에서는 군사분계선 동·서부 지역 상공에 설정된 비행 금지구역 내에서 고정익항공기의 공대지유도무기사격 등 실탄사격을 동반한 전술훈련을 금지하기로 하였다.

③ 쌍방은 2018년 11월 1일부터 군사분계선 상공에서 모든 기종들의 비행금지구역을 다음과 같이 설정하기로 하였다.

고정익항공기는 군사분계선으로부터 동부지역(군사분계선표식물 제0646호부터 제1292호까지의 구간)은 40km, 서부지역(군사분계선표식물 제0001호부터 제0646호까지의 구간)은 20km를 적용하여 비행금지구역을 설정한다.

회전익항공기는 군사분계선으로부터 10km로, 무인기는 동부지역에서 15km, 서부지역에서 10km로, 기구는 25km로 적용한다.

다만, 산불 진화, 지 해상 조난 구조, 환자 후송, 기상 관측, 영농지원 등으로 비행기 운용이 필요한 경우에는 상대측에 사전 통보하고 비행할 수 있도록 한다. 민간 여객기(화물기 포함)에 대해서는 상기 비행금지구역을 적용하지 않는다.

④ 쌍방은 지상과 해상, 공중을 비롯한 모든 공간에서 어떠한 경우에도 우발적인 무력충돌 상황이 발생하지 않도록 대책을 취하기로 하였다. 이를 위해 지상과 해상에서는 경고방송 → 2차 경고방송 → 경고사격 → 2차 경고사격 → 군사적 조치의 5개 단계로, 공중에서는 경고교신 및 신호 → 차단비행 → 경고사격 → 군사적 조치의 4개 단계의 절차를 적용하기로 하였다.

쌍방은 수정된 절차를 2018년 11월 1일부터 시행하기로 하였다.

⑤ 쌍방은 지상과 해상, 공중을 비롯한 모든 공간에서 어떠한 경우에도 우발적 충돌이 발생하지 않도록 상시 연락체계를 가동하며, 비정상적인 상황이 발생하는 경우 즉시 통보하는 등 모든 군사적 문제를 평화적으로 협의하여 해결하기로 하였다.

2. 남과 북은 비무장지대를 평화지대로 만들어 나가기 위한 실질적인 군사적 대책을 강구하기로 하였다.

① 쌍방은 비무장지대 안에 감시초소(GP)를 전부 철수하기 위한 시범적 조치로 상호 1km 이내 근접해 있는 남북 감시초소 들을 완전히 철수하기로 하였다.

② 쌍방은 판문점 공동경비구역을 비무장화하기로 하였다.

③ 쌍방은 비무장지대내에서 시범적 남북공동유해발굴을 진행하기로 하였다.

④ 쌍방은 비무장지대 안의 역사유적에 대한 공동조사 및 발굴과 관련한 군사적 보장대책을 계속 협의하기로 하였다.

3. 남과 북은 서해 북방한계선 일대를 평화수역으로 만들어 우발적인 군사적 충돌을 방지하고 안전한 어로활동을 보장하기 위한 군사적 대책을 취해 나가기로 하였다.

① 쌍방은 2004년 6월 4일 제2차 남북장성급군사회담에서 서명한 '서해 해상에서의 우발적 충돌 방지' 관련 합의를 재확인하고, 전면적으로 복원·이행해 나가기로 하였다.
② 쌍방은 서해 해상에서 평화수역과 시범적 공동어로구역을 설정하기로 하였다.

③ 쌍방은 평화수역과 시범적 공동어로구역에 출입하는 인원 및 선박에 대한 안전을 철저히 보장하기로 하였다.

④ 쌍방은 평화수역과 시범적 공동어로구역 내에서 불법어로 차단 및 남북 어민들의 안전한 어로활동 보장을 위하여 남북 공동순찰 방안을 마련하여 시행하기로 하였다.

4. 남과 북은 교류협력 및 접촉·왕래 활성화에 필요한 군사적 보장대책을 강구하기로 하였다.

① 쌍방은 남북관리구역에서의 통행·통신·통관(3통)을 군사적으로 보장하기 위한 대책을 마련하기로 하였다.

② 쌍방은 동·서해선 철도·도로 연결과 현대화를 위한 군사적 보장대책을 강구하기로 하였다.

③ 쌍방은 북측 선박들의 해주직항로 이용과 제주해협 통과문제 등을 남북군사공동위에서 협의하여 대책을 마련하기로 하였다.

④ 쌍방은 한강(임진강) 하구 공동이용을 위한 군사적 보장 대책을 강구하기로 하였다.

5. 남과 북은 상호 군사적 신뢰구축을 위한 다양한 조치들을 강구해 나가기로 하였다.

① 쌍방은 남북군사당국자 사이에 직통전화 설치 및 운영 문제를 계속 협의해 나가기로 하였다.

② 쌍방은 남북군사공동위원회 구성 및 운영과 관련한 문제를 구체적으로 협의·해결해 나가기로 하였다.

③ 쌍방은 남북군사당국간 채택한 모든 합의들을 철저히 이행 하며, 그 이행상태를 정기적으로 점검·평가해 나가기로 하였다.

6. 이 합의서는 쌍방이 서명하고 각기 발효에 필요한 절차를 거쳐 그 문본을 교환한 날부터 효력을 발생한다.

① 합의서는 쌍방의 합의에 따라 수정 및 보충할 수 있다.

② 합의서는 2부 작성되었으며, 같은 효력을 가진다.

2018년 9월 19일

대 한 민 국	조선민주주의인민공화국
국 방 부 장 관	인 민 무 력 상
송 영 무	조선인민군 대장 노광철

평양의 시간은
서울의 시간과
함께   흐른다

초판 1쇄 발행 2018년 7월 30일
초판 7쇄 발행 2022년 1월 21일

지은이·진천규

발행인·양문형
펴낸곳·타커스
등록번호 제313-2008-63호
주소 서울시 종로구 대학로 14길 21 (혜화동) 민재빌딩 4층
전화 02-3142-2887   팩스 02-3142-4006
이메일 yhtak@clema.co.kr

ⓒ 진천규 2018

ISBN 978-89-98658-54-0 (03300)

• 값은 뒤표지에 표기되어 있습니다.
• 제본이나 인쇄가 잘못된 책은 바꿔드립니다.

이 도서의 국립중앙도서관 출판예정도서목록(CIP)은 서지정보유통지원시스템
홈페이지(http://seoji.nl.go.kr)와 국가자료공동목록시스템(http://www.nl.go.kr/kolisnet)에서
이용하실 수 있습니다.(CIP제어번호: CIP2018020718)